# 관광개발의 시각과 응용

이 웅 진 저

대구대학교출판부

□ 저자 소개

**이용진**

일본 긴키(近畿)대학 대학원 상학연구과 박사과정 졸업 상학박사
일본 덴리(天理)대학 국제문화학부 초빙교수 역임
일본 한난(阪南)대학 산업경제연구소 초빙연구원 역임
현 대구대학교 경상대학 관광경영학과 교수
현 대구대학교 동아시아 관광연구소 소장
현 (사)동북아도농관광연구원 원장
현 동북아관광학회 부회장
현 경북FTA 대책 특별위원회 위원 등 다수 활동

[저서]
경영학(역서), 형설출판사, 1995.
일본어와 일본관광(공저), 일신사, 1999.
관광핸드북(공역), 대왕사, 2000.
경영관리론(역서), 두남, 2011.
그린 투어리즘의 분석, 집운당, 2004.
여행과 관광의 경제학, 일신사, 2005.
중국여행사업의 미래(공역), 대명출판사, 2009.
농어촌체험지도사(공저), 대구대학교 동아시아 관광연구소, 2010.
기타 저서 및 논문 다수

발 행 | 2012년 02월 15일
지은이 | 이용진
펴낸이 | 홍덕률
펴낸곳 | 대구대학교출판부
경북 경산시 진량읍 내리리 15
전화 053) 850-5661~2 | 팩스 053) 850-5669
http://press.daegu.ac.kr/
찍은곳 | 초록뱀디지털
ISBN 978-89-7794-549-4-93320
정가 | 11,000원

# 머리말

다른 지역과 문화를 탐방하고 그 지역에서의 소비활동을 동반하는 관광활동은 우리들에게 중요한 여가생활의 일부가 되었으며 이러한 활동들은 지역사회의 경제·사회·문화의 발전에도 많은 영향을 미치고 있다.

관광을 통한 다른 지역사회에의 영향력 확대는 경제적 소비활동에 의해서 발생하는 것이 상당히 명확한데 관광출발지에서의 여행상품 구매과정, 관광목적지의 교통, 숙박, 레저 · 레크리에이션, 토산품, 음식 구입, 자기 생활권으로 되돌아 와서 사진현상, 의류구입 등을 하기 때문에 관광은 종합적인 지역발전 산업이라 할 수 있다. 이러한 현상들 중에서 관광객의 욕구충족을 시킬 수 있는 개발은 어떠한가, 지역에 주어진 자원을 가지고 어떠한 관광지를 개발하는 것이 바람직한가, 지역의 진흥을 유도할 수 있는 개발은 어떻게 할 것인가 등에 대한 관광개발에의 요구사항은 너무나 많다.

말하자면 관광개발은 관광사업의 효과를 증대시킬 목적으로 관광지 또는 관광지로 변모하려는 지역에서 지역조직, 기업 등이 관광수요 개척을 위하여 관광자원을 이용하고 관광의 매력요소를 만들기 위한 계획행위라고 할 수 있으며 관광정책의 주요 분야의 하나가 되고 있다. 이의 기본적인 구성은 관광개발이 추구하는 이론적 성과와 함께 실제적인 응용이 주요하며 관광계획을 세우는 경우에 일반적으로 기술적인 체계를 고려하는 경우가 많으나 계획이 성공하였다고 하여도 실천적으로 활용할 수 있는 부문의 결여는 관광의 장기적인 발전을 저해하는 결과를 초래할 수 있다.

따라서 본서는 관광개발이 가진 이론적 부문을 분석하고 실제 관광개발의 현장에서 필요로 하는 관광지 유형의 응용과 분석을 통하여 관광개발의 이론적 타당성을 제시하는 데 있으며 이를 위해 1부와 2부로 구성되어 있다. 제1부 관광개발의 시각에서는 현대 관광개발의 이론적 내용을 제시하는 데 있다. 제1장 관광개발의 이론적 기초에서는 우리나라의 관광개발은 방한관광객으로 중국인과 일본인이 많다는 점에서 동북아시대의 중요성을 제시하고 관광개발의 개념과 관광개발의 현대적 특수성을 분석한다. 제2장 국토이용개발의 변화와 관광활동에서는 국토이용계획과 관광활용, 그리고 관광행동과 관광지의 발전을 분석하고, 제3장 관광자원의 활용과 관광지 계획에서는 관광자원의 평가와 활용 방안, 관광지 계획의 의의와 계획추진 방법, 구체적 계획 내용과 수법을 분석하고, 제4장 지역진흥과 관광개발에서는 지역진흥의 의미, 지역산업의 관광활용, 관광개발의 지역진흥과 파급효과, 관광개발 수법과 운영 주체를 분석하고 제5장 관광지와 지역개발에서는 관광지의 환경접근법, 관광지의 지역개발적 시점, 관광개발의 문제점과 대응 방안 분석을 통한 관광개발의 이론적 내용을 제시한다.

2부의 관광개발 응용부분은 제6장 관광지의 판매전략으로 관광지 이미지 전략, 관광선전 광고와 판매촉진 전략, 이벤트 전략과 관광정보 수집제공을 분석하고, 제7장 관광루터와 관광코스에서는 관광루터와 관광코스의 의미와 설정, 제8장 도시관광과 농촌관광개발에서는 도시관광 관점의 관광개발과 농촌관광 관점의 관광개발을 제시한다. 그리고 제9장과 제10장에서는 현대적 관광개발에서 중시되고 있는 리조트 개발, 레저·스포츠관광 개발의 내용을 분석한다. 마지막으로 제11장에서는 21세기 관광의 새로운 물결을 검토하기 위하여 전통적 관광개발의 문제점과 지속가능한 관광개발에 대한 분석을 통하여 현대 관광개발의 방향성을 제시하는 데 있다.

따라서 본서는 이러한 취지로 저술되었으며 관광개발 분야에 조금이나 일익을 담당하게 된다면 저자로서는 최고의 영광이다. 특히 본서는 대구대학교 교내연구비수탁을 받아서 작성한 저작물로 저서출간에 도움을 아끼지 않은 분들에게 심심한 감사를 드린다.

2010년 9월 1일
비호동산 연구실에서
이 웅 진

## 차례

머리말/iii

### 제1부 관광개발의 시각

| Chapter 1 | 관광개발의 이론적 기초 · 3

1. 관광과 동북아시대의 도래 ······ 3
2. 관광개발의 개념 ······ 6
3. 관광개발의 현대적 특수성 ······ 10

| Chapter 2 | 국토이용개발의 변화와 관광활동 · 14

1. 국토이용 계획과 관광활용 ······ 14
2. 관광행동과 관광지의 발전 ······ 16

| Chapter 3 | 관광자원의 활용과 관광지 계획 · 27

1. 관광자원의 평가와 활용 방안 ······ 27
2. 관광지 계획의 의의와 계획추진 방법 ······ 32
3. 구체적 계획 내용과 수법 ······ 37

| Chapter 4 | 지역진흥과 관광개발 · 41

1. 지역진흥의 의미 ······ 41
2. 지역산업의 관광활용 ······ 45
3. 관광개발의 지역진흥과 파급효과 ······ 49
4. 관광개발 수법과 운영 주체 ······ 58

| Chapter 5 | 관광지와 지역개발 · 65

1. 관광지의 환경접근법 ······ 65
2. 관광지의 지역개발적 시점과 과제 ······ 72

## 제2부 관광개발의 실제

| Chapter 6 | 관광지의 판매전략 · 87
1. 관광지 이미지 전략 ······ 87
2. 관광선전 광고와 판매 전략 ······ 90
3. 이벤트 전략과 관광정보 수집 제공 ······ 92

| Chapter 7 | 관광루터와 관광코스 · 95
1. 관광루터와 관광코스의 의미 ······ 95
2. 관광루터의 설정 ······ 96
3. 관광코스의 설정 ······ 100
4. 관광루터와 관광코스의 이벤트 ······ 101

| Chapter 8 | 도시관광지와 농촌관광지의 개발 · 103
1. 도시관광 관점의 관광개발 ······ 103
2. 농촌관광 관점의 관광개발 ······ 109

| Chapter 9 | 리조트지 개발 · 125
1. 리조트 개발의 성격 ······ 125
2. 리조트 개발의 현실 ······ 128
3. 리조트 개발의 사례 ······ 133

| Chapter 10 | 레저·스포츠 관광지 개발 · 137
1. 레저·스포츠 관광지 개발 ······ 137
2. 레저·스포츠관광지 개발 ······ 139
3. 레저·스포츠 관광지 개발 사례 ······ 141

| Chapter 11 | 관광개발의 새로운 물결 · 144
1. 전통적 대중관광의 문제와 지속가능한 관광개발 ······ 144
2. 지속가능한 관광개발과 지역주민 참여 ······ 152

# 제 1 부

## 관광개발의 시각

| Chapter 1 |

# 관광개발의 이론적 기초

## 1. 관광과 동북아시대의 도래

관광은 사람들이 새로운 세계와 접촉하여 사회와 문화 등의 견문을 넓히는 활동으로 자신의 거주지역을 벗어나서 경제적인 소비활동을 하면서 생활의 자유시간을 즐기려는 여가활동의 하나라 할 수 있다. 과거는 물질적 풍요로움을 중심으로 한 '공업화 시대'였다면 현재는 심적 풍요로움을 중심으로 하는 '관광의 시대'로의 전환을 의미하며 거대한 사회적 현상의 하나로 관광이 새로이 인간활동에서 차지하는 비중이 높아지고 있다. 말하자면 현대사회는 공업화 시대를 중심으로 2차 산업의 발전을 통해서 사람들의 고용과 소득 등을 증대시키는 물질적 풍요로움을 가져 왔다. 인간의 생활적 풍요로움을 의미하는 경제적 발전은 다른 사람보다 더욱 새로운 것, 가치 있는 것, 비싼 물건 등을 추구하는 물질적 만능주의를 만들었으며 우리들 생활의 '풍요로움의 실체', '풍요로움의 척도'에 대한 새로운 욕구가 생겨나고 있다. 우리들이 갈구하는 풍요로움은 물질로부터 마음의 의미가 존중되고 일상적인 노동시간으로부터 해방된 새로운 인간의 욕구충족 활동이며 여유로운 시간, 여가의 중시, 사람들과의 교류, 야외활동과 같은 기분전환을 하는데 있다.

특히 공업화에 성공한 선진국은 2차 산업인 제조업의 거점이 노동과 투자에 유리한 해외의 저개발국으로 진출하게 되어 국내제조업의 공동화 현상이 나타나고 있으며 새로운 여가수요는 국내의 고용, 소득 창출을 하는데 있어 관광산업이 차지하는 비중이 크다. 또한 심적 풍요로움이라는 가치의 증대를 위해 장기유급휴가의 확대, 연차유급휴가의 활용, 완전 주5일 근무제의 실시 등으로 인해 관광수요의 증대가 예측되며, 특히 공업선진국의 특징이라 할 수 있는 고령층의 관광수요 증대 등 관광의 사회적 중요성이 더욱 더 널리 인식되고 있다.

이처럼 관광활동은 소득의 증가, 자유 시간 증대, 가치관 변화, 아시아 관광객 증대라는 관광수요의 양적 증대의 시대를 맞이하여 관광산업을 구성하는 관광 비즈니스의 영역 확대와 더불어 관광인터넷 사업과 같이 새로운 사업들이 등장하고 있다. 관광 비즈니스는 관광욕구를 의미하는 관광수요에 대응하여 어떠한 관광을 공급할 것인가, 관광객에게 적절한 관광공급이라는 것은 어떠한 것인가에 대한 관심이 증대되고 있다. 이에 대응하여 관광자원과 시설의 공급이라는 물질적 측면과 더불어 관광객 만족을 위한 창조적 관광마케팅의 전개, 관광관련 비즈니스의 종합적인 이용 등과 같은 관광수요의 확대를 위한 노력을 필요로 하는데 장기적으로는 안정적인 관광시장 확대를 의미한다.

우리나라의 관광수요 확대를 위해서는 국내 수요의 양적확대와 더불어 외국인 관광객의 한국 방문을 증대시키는 일이 중요하다. 특히 우리나라는 일본 및 중국과의 관광교류를 통해 많은 경제적 · 문화적 영향을 받고 있으며 다른 나라와의 관광교류에 있어서도 인접국이므로 국제관광 발전에 중요한 나라라고 할 수 있다. 하지만 동북아시아에 있어 관광의 흐름을 보면 동북아시아 국가들의 관광교류는 원활하지 못하였다. 무엇보다도 정치적인 문제가 중심으로 대두되어 한국과 북한의 과제, 중국과 대만의 과제와 같이 정치적 대립이 공존하고 있으며 과거 역사에서 볼 때 일본도 자유로울 수는 없다. 말하자면 이 지역은 국제정치의 변동에 민감한 지역이며 긴장과 갈등이 공존하고 있는 이 지역에서 1967년 UN이 제창한 '평화의 패스포드=관광'을 실현할 수 있는 곳으로 다른 지역과 비교할 때 그 의의가 크다고 할 수 있다. 이러한 지역적 문제와는 달리 한중일의 3개국은 올림픽과 해외여행자유화라는 두 가지의 흐름에 의해 동북아시아의 관광교류를 활발하게 전개시키고 있다. 제1차 동북아 관광교류의 중심국은 고도 경제성장과 더불어 선진국 진입이 가능하였던 일본으로 1964년 도쿄올림픽 개최와 해외여행 자유화를 실현하였으며 1965년에 한일 양국은 국교수립을 하였다. 이를 계기로 일본인의 한국관광 붐이 일어났으며 동북아시아의 관광활성화는 역사적으로 근대의 정치적 문제를 남긴 일본으로부터 시작되어 새로운 평화산업 조성의 토대를 마련하게 된다.

제2차 동북아시아 관광교류의 중심국은 1970년대 고도경제성장과 더불어 1988년 올림픽의 성공적인 개최를 달성한 한국으로 1989년 해외여행 자유화에 의해 일본인의 한국관광으로부터 한국인의 해외여행시대를 맞이 하였다. 특히 한일양국의 관광교류 확대는 분단국가와 섬나라라는 지리적인 특징으로 인해 이동수단으로 항공기의 발달이 중요한 역할을 하였으며 양국의 인적교류를 통해 상호친선의 증진을 도모하고 새로운 경제, 사회, 문화의 흐름을 만들고 있다. 특히 남북한의 평화를 위한 관광협력의 확대는 한반도 평화의 시작을 의미하며 다양한 분야에서 활발하다.

제3차 동북아시아 관광교류의 중심국은 고도 경제성장을 지속하고 있는 중국이며 2008년 베이징올림픽 개최와 더불어 2010년 중국인의 완전한 해외여행자유화 실현도 예측되고 있어 중국인 관광객을 통한 폭발적인 동북아 관광교류시대를 맞이하고 있다.

1964년 해외여행 자유화를 실시한 일본은 1999년에 해외여행을 경험한 관광객 수가 1,800만 명이 되었으며 이는 일본인구의 15%에 해당된다. 특히 이 시기 방한 일본인은 처음으로 200만 명을 넘고 있는데 일본인 9명 중에 1명이 한국을 방문하는 시대로 인접국과의 관광교류의 중요성을 의미한다. 한편 한국은 1989년 해외여행자유화가 실시되어 10년 후인 1999년에는 인구 10명 중 1명에 해당하는 450만 명이 해외여행을 경험하고 있으며 일본을 방문하는 한국인은 150만 명을 넘고 있다 (2007년 기준). 이러한 시대로부터 2008년 베이징올림픽 이후 10년에 해당하는 2020년에 우리나라는 중일 관광수요를 중심축으로 하여 국제관광의 발전을 모색해야 하는 새로운 시대를 맞이하고 있다. 중국은 2020년이 되면 현재 중국인구 13억 명의 10%에 해당하는 1억 3천 만명이 해외여행을 경험하게 될 것이다. 특히 일본인 해외여행객 중 10% 이상이 한국을 방문하는 현실에서 2020년에는 중국인 해외여행객의 10%에 해당하는 1,300만 명이 한국을 관광하는 시대를 맞이하게 될 것으로 예측되며 이는 2007년 한국인구의 25%이상에 육박하는 중국인 관광객의 점유 시대를 의미한다.

이를 위한 관광 비즈니스에 국가, 지방자치단체는 공적 자금투입 등을 통한 종합적인 관광정책의 강구와 관광개발이 필요할 것이다.

## 2. 관광개발의 개념

### 1) 관광개발의 중요성

관광개발이란 일반적으로 관광수요에 대응하여 관광사업을 진흥시키기 위하여 관광공급을 확대하는 일로 관광사업의 경제적·사회적·문화적 효과를 증대시키기 위한 개발행위가 중심이다. 이를 위해 관광개발은 외부로부터 방문하는 관광객을 대상으로 관광자원이 개발된 관광지 조성을 일반적으로 지칭하며 관광공급자가 제공하는 관광상품이라고도 할 수 있다. 말하자면 온천·바다·산 등의 자연적 자원, 건축물·고문서·예술 등의 문화적 자원, 공원·박물관·미술관 등 사회적 자원, 공장·목장 등의 산업적 자원과 같은 다양한 지역자원 중에서 관광자원으로 활용할 수 있는 것을 조합하여 관광객에게 매력물(Tourist attraction)로서의 가치를 증대시키는 개발을 의미한다. 따라서 관광개발은 관광객 활동에 지역자원의 부가가치를 높이고 관광객의 편리함을 증진시켜서 관광지의 활용도를 높인다. 이는 관광객을 집중시키며 관광활동의 촉진을 통해 관광객 만족과 사업목적 달성, 지역진흥 등 다양한 관광효과를 동시에 실현할 수 있다. 관광개발에는 사업주체에 따라 개발내용이 달라질 수 있는데 기존의 관광자원을 더욱 발전시키기 위하여 어떤 공간적 범위와 특정의 자원에 대하여 어떤 구체화된 방법과 수법으로 관광가치를 증대시키는 데 있어 개발 주체, 목적, 대상, 수단의 요소가 조화롭게 결합될 때 구체적인 관광개발의 성격이 결정된다.

오늘날 관광개발의 주요목적은 저개발지역의 산업진흥에 있으며 고용기회 증대와 소득증대 등을 도모하는 것이 중시되고 있다. 이처럼 관광개발은 국내외의 관광수요를 동시에 촉진시키면서 지역 및 국가차원의 개발효과를 고려해야 한다. 국가적 차원의 개발효과를 국민경제수준의 증대와 국제수지 개선효과를 광범위하게 추구한 종합적 효과에 있으며 지역차원의 효과는 지역주민의 소득증대, 고용창출을 통한 지역내의 조세수입 증가로 인해 생활환경 개선 및 향상이 더욱 기대된다.

말하자면 관광개발의 내용은 관광지의 가치를 높이기 위하여 지역사회가 보유하고 있는 관광자원을 유효적절하게 개발함으로써 관광객의 욕구를 국가 및 지역의 경제적·사회적·문화적 측면의 진흥과 지역주민의 복지 향상에도 기여하는데 있다. 이러한 점에서 볼 때, 관광개발의 내용은 다양한 관점에서 볼 수 있으나 기본적인 내용으로 다음 3가지를 제시할 수 있다. 첫째, 자원이용의 확대에 있다. 관광은 관광객이 다른 지역으로 이동하여 그 지역에서의 관광자원 소비활동과 연관이 있다. 따라서 관광지로의 접근성, 관광시설과 서비스 등의 기능을 개발하여 관광자원의 이용을 용이하게 하는데 있다. 둘째, 관광자원의 복원에 있다. 역사적인 문화유산의 발굴과 복원, 자연경관의 복원을 통해 관광객의 방문기회를 확대시키고 지역자원의 유지도 가능하게 된다. 셋째, 자원의 가치에 있다. 관광대상물인 시설물을 새로이 만드는 일로 골프장, 스키장, 유원지 등의 개발을 통해 관광객 욕구를 충족시킴으로써 관광사업 효과를 증대시키는 일이다. 위에 기술한 3가지의 관점은 관광객의 욕구에 부응하면서 차별화된 관광자원을 공급하기 위한 노력이 필요한데 관광자원의 개발을 통한 새로운 이용의 확대라는 관점이 관광사업에서 중시되고 있다. 하지만 관광개발에 있어 사업의 확대는 인공적 시설물을 만드는 개발과도 밀접한 연관이 있으며 관광자원을 파괴시키지 않으며 지속적인 관광사업이 가능한 적정개발을 유도할 필요가 있다.

### 2) 관광개발의 개념

관광개발의 개념은 다양한 관점이 있으나 일반적으로 관광자원을 통한 관광행동상의 편익기능을 증진시키고 관광의 여러 가지 효과를 생성 또는 증대시킬 목적의 종합적 개발행위이다.

이는 관광자원 이용에 있어서 일반적인 개발수법으로 자원을 있는 그대로 유지하면서 관광상의 편익기능을 정비·촉진하는 것이 원칙이기 때문이다. 관광자원의 특성에 따라서 그 현실적 또는 잠재적인 자원가치를 살리거나 높이기 위한 방법을 실현하는 것으로 편익시설의 정비에는 다음과 같은 시설정비를 필요로 하며 이는 기본적으로 관광자원의 특성에 따라 변화가능하나 일반적으로 설치되는 시설을 제시하면 다음과 같다.

첫째, 교통편익 정비는 도로정비, 보행도, 주차장 등이다.

둘째, 관람시설 정비는 폭포관람대, 전망시설 등이다.

셋째, 환경정비는 상하수도, 전기, 통신시설 등의 기반시설 및 공원, 기타 지역공동체 향상에 관한 기능이다.

넷째, 식음시설 정비는 레스토랑, 커피숍 등을 들 수 있다.

다섯째, 호텔, 콘도미니엄 등의 숙박시설 정비를 하는데 있다.

관광개발에는 기능적 측면과 물질적 측면의 두 가지 내용분석을 통해 그 개발의 개념을 더욱 뚜렷하게 이해할 수 있다. 관광개발의 기능적 측면은 관광개발에 포함되는 다양한 활동이 관광객의 유치목적으로 작용하는 성격을 가지고 있으며 그것은 관광행동에 긍정적, 부정적인 작용 요인으로 검토할 수 있다. 긍정적인 요인으로의 관광개발은 관광행동을 유인하는데 있어 관광객이 그곳에 가고자 하는 동기부여 방향의 작용요인이라 할 수 있다. 이는 관광지의 매력을 중심으로 개별 관광객에 있어 그곳을 방문하고자 하는 행동을 유발하는 심리적인 에너지의 힘에 의존하고 있으며 그것은 사회적으로 집계되는 양에 의해서 관광지 방문객수가 결정된다. 부정적인 요인으로의 관광개발은 관광지의 치안과 위생상태, 생활습관의 차이점 등을 들 수 있다. 관광객이 나쁜 체험을 할 가능성을 리스크로 지각할 때 이를 회피하려는 동기부여의 방향으로 작용하는 요인으로 관광지를 방문하고자 하는 행동에 반작용을 미치게 된다. 그래서 기능적인 측면에서의 관광개발은 관광지를 방문하고자 하는 행동에 대하여 긍정적으로 작용하는 요인을 증대시켜서 관광지의 관광객 집중을 증가시키고자 하는 활동을 한다.

또한 관광개발에 있어 물질적 측면은 관광지가 가지고 있는 기능과 편익에 관한 시설 등을 중심으로 하는 물질적 요소(Physical evidence)와 같이 눈에 보이는 형태로 구체화된 것이다.

예를 들어 스키장, 호텔, 레스토랑, 박물관 등의 각 개별시설 정비는 물론 스포츠, 숙박, 음식, 쇼핑 등의 다양한 편익의 조합패턴을 고려한 시설구성, 관광코스를 고려한 시설배치 외에 조망, 미관, 지역이미지에 적합한 분위기 조성을 위한 환경정비 등의 형태로 실행된다.

## 3. 관광개발의 현대적 특수성

### 1) 상품개발로의 관광개발

관광의 대중화는 사업기회의 확대를 의미하고 관광주체는 소비자 또는 관광객으로 그 목적지인 관광지는 관광객을 위하여 제공되고 시장을 통해서 경제적 가치를 산출한다.

관광지는 시장원리에 의하여 관광객의 비용(시간, 노력 포함)부담과 그의 거래로 얻은 체험에 의해서 평가되고 다른 관광지와 경쟁관계에 놓이게 되는데 이 때 관광지의 매력을 증대시켜서 관광객 만족을 도모하는 사업목적을 실현하고 존속, 성장시키는 것이 강조된다.

상품적 가치를 지닌 관광지는 관광객 욕구를 충족시킬 수 있는 관광기회이며 관광객에게 편익이 되는 여러 가지 요소의 집합체로서의 성질이 있다. 이를 목적지 믹스(Destination mix)라 지칭하는데 관광객을 끌어들이려는 매력요소를 중심으로 다양한 관광시설, 기반시설 및 교통, 호스피탈리티 등 여러 가지 요소의 조합으로 구성되어 있다. 그래서 목적지 믹스를 최대한 유효하고 효율적으로 만드는 것이 중요하며 상품의 핵심적인 편익이라 할 수 있는 매력요소를 어떻게 조합하느냐에 달려 있다. 이를 어트렉션 믹스라 말할 수 있는데 관광객 욕구와 행동, 관광지 간의 경쟁동향, 여행업자와 교통업자 등 매개기관의 행동과 같은 관광시장의 상황을 정확하게 파악할 필요가 있다.

오늘날 관광개발을 통한 상품화는 관광목적지 믹스의 변화를 강요하고 있다. 말하자면 관광대상의 매력이 관광시장에서 인지되고 평가를 받음으로써 관광지로 성장하지만 새로운 매력을 가진 관광지가 개발되고 관광지 간의 경쟁이 치열하게 되면 처음 신비한 관광지였던 이미지와 차별적인 우위성이 상실되고 관광지 매력과 이미지가 저하되는데 결국 관광지의 방문객수를 줄이게 하는 원인이 된다. 이를 보완하기 위해 관광지의 재개발을 시도하게 되며 재개발의 기본적인 방향은 반복적 수요를 촉진하고 재방문객을 확보하기 위하여 새로운 자원의 발굴과 시설정비 등 매력요소를 발굴하거나 신규수요 개척을 통해 새로이 시장세분화의 목적지를 재설정하고 신규 고객층 개척을 필요로 한다.

### 2) 개발의 공공적 성격과 지역공동체 기능

① 관광개발의 공공적 성격

관광지의 공간은 관광행동 공간으로 사업공간이기도 하며 주민의 생활공간이라는 다면적 성격을 가지고 있다. 관광객에게 관광기회를 제공하기 위하여 개발대상인 자연환경, 지역의 독특한 경관과 역사적 마을거리, 다양한 문화재 등 여러 가지 자원을 비롯하여 기반시설 등 도시생활 환경과 연관된 여러 조건은 사람들의 공유재산이라 할 수 있으며 관광개발은 기본적으로 이에 의존하고 그에 상당한 영향을 미치게 된다. 개발규모에 따라서 지역 그 자체가 상당히 변화하는 경우도 있으며 주민생활에 대해서도 직접 또는 간접적으로 영향을 미치게 된다. 이처럼 관광개발은 공동재산 이용 및 영향에 미치는 범위가 상당히 넓게 작용하기 때문에 사업주체에 있어 공공부문과 민간부문을 불문하고 관광개발의 공공적 성격이 강조되기도 한다.

관광지로서 장래 전망, 환경이용, 보전의 방향, 환경과 주민생활에의 다양한 영향, 지역독창성의 보호·형성 등 관광개발에 관한 다양한 상황에 따라 지역주민의 참여와 더불어 합의형성을 지속적으로 얻을 필요가 있다. 공공부문으로서의 관광지를 운영, 관리하기 위한 규정과 조직 만들기도 불가결하며 특히 지역주민의 적극적인 참가와 더불어 개발주체의 설명책임과 정보공개, 정부 관광기관과 연구기관의 지원체재도 필요하다.

② 지역공동체 기능

관광개발의 지역공동체 기능은 관광객을 위한 것 만이 아니라 지역주민의 여가활동 장소로서의 편익을 제공하는 것으로 사람들이 접촉하거나 교류하는 기회를 제공하고 지역의 역사와 풍토에 기반을 둔 전통문화를 재인식함과 더불어 새로운 문화창조의 기회를 제공하고 지역문화의 담당자에 의해 주민의 자긍심을 육성하기도 한다.

또한 지역의 기반시설은 관광행동의 편익성을 높임과 동시에 지역주민의 생활환경 향상을 초래한다. 하지만 관광개발에 있어서 대규모의 대량유치형 관광개발은 다양한 환경을 자원으로 활용하여 대량으로 소비하는 것 만이 아니라 폐기물의 증대 등으로 인해 환경을 오염시키고 지역생활에 있어서도 지역공동체를 파괴하는 문제를 야기한다. 이러한 대규모 대량유치형 관광개발을 비판적으로 간주하고 지금까지의 반성적 입장에서 환경을 지키고 관광자원을 보전하려는 견해가 있는데 이러한 견해의 하나가 지속가능한 관광개발(Sustainable tourism development)이다.

지역공동체적 관점에서 볼 때 관광개발 규모와 방법은 환경이 가진 기능의 유지, 재생가능성에 의존하는 일이며 그것은 자원의 공급능력, 인간생활에 있어서 유용성과 쾌적성을 손상시키지 않고 배출물의 동화능력을 초월하여 오염을 생성시키지 않는 범위로 한정된다.

이를 위해 지역의 지속가능성이 중요한데 이는 마을사람들의 생활을 지탱하는 다양한 기능을 유지하고 주민욕구의 만족기회를 장기적으로 보장하는 관광개발의 방향성을 의미한다. 그래서 관광개발의 방향으로 현재가치, 즉 단기적으로 평가된 관광객 욕구만족과 경제효과를 고려하는 것이 아니라 관광객에게는 장기적 이용가능성을, 지역에는 장기적 이익과 연관을 시키는 일이 중요하다. 하지만 그것은 어디까지나 다양한 성질과 기능을 가지고 있는 환경유산의 다양한 이용가능성을 미래에도 보장하는 일이 전제되어야 한다.

| Chapter 2 |

# 국토이용개발의 변화와 관광활동

## 1. 국토이용 계획과 관광활용

### 1) 현재의 국토이용 관리 시점

국토이용관리란 국민에게 유한자원인 국토를 어떤 목적을 위하여 활용시킬 것인가에 있어 생활과 생산활동을 공통적인 기반으로 하여 공공복지를 우선적으로 하면서 환경보전도 고려한 국토의 종합적·계획적 이용을 하는데 있다. 특히 우리나라는 좁은 국토공간에 많은 인구가 밀집되어 있으며 정부의 합리적인 토지운용 계획에 따라서 지방자치단체들도 각 지역의 특성에 맞는 장기개발 계획의 수립과 더불어 연차적으로 지역발전을 위한 다양한 사업을 추진하고 있다.

우선 대다수 지방자치단체들은 지방화시대에 부합하는 이상적인 사업발굴의 소재로서 관광개발을 들고 있으며 관광이 지니고 있는 다양한 파급효과를 기대하고 있다. 이를 위해 시군 단위의 지자체들은 지역개발사업을 직접 수행하면서 주민의 위락공간 개발을 동시에 하는 경우가 많은데 장기적으로는 외부시민인 관광객에게도 좋은 관광시설이 되고 있다. 또한 도단위 지자체인 경우는 시군의 특화업종 육성과 관광지 개발을 직접 주관하거나 제3섹터 방식으로 추진하기도 한다. 하지만 우리나라는 지방의 재정자립도가 상당히 어려운 현실이기 때문에 지방자치단체들은 도시자본을 자기 지역으로 유치하고 합작투자를 통한 대단위 관광개발사업을 추진하기도 한다.

### 2) 국토이용 공간의 관광활용

관광지는 국토의 공간을 활용하여 관광객에게 만족을 제공하는 곳이며 현실적으로 사회경제적 측면에서 개발되고 있다. 첫째, 현대의 관광개발은 공업입국에 소외된 농촌지역의 연약한 경제기반을 어떻게 활성화할 것인가가 주요한 과제가 되고 있다. 1960년대 경제개발계획과 더불어 많은 농어촌 노동력이 도시의 산업체로 유입되어 농촌과 광산촌의 생산성과 수익성이 악화되어 농업을 포기하고 타업종으로 전환하거나 이농현상의 발생을 초래하였다. 이러한 현실적 대안으로 농업관광, 농지의 타용도 전환이 허용되는 정책변화를 초래하였으며 도시 관광객을 지방으로 유치하고 그들의 여가활동을 담당하기 위한 관광개발이 도입되었다.

둘째, 석탄생산을 주로 하는 탄광지역은 석유, 가스, 전기와 같은 대체에너지의 보급으로 인하여 기존의 산촌지역 경제를 지탱하던 광업생산의 감소와 더불어 그 지역에 극심한 경제적 타격을 입히게 되었다. 그와 더불어 유휴지와 공지가 늘어나고 있어 주민들에 의한 산간지의 경작, 개발을 더 이상 방치할 수 없는 상황에서 사람의 이동을 중심으로 하는 관광산업을 통하여 지역관광을 활성화하는 계기를 마련하고 있다.

셋째, 경기도와 강원도 북부지역의 산간지역에 대한 이용가능한 면적이 확대된 점이다. 특히 휴전선 이남의 민통선지역은 과거에는 투자와 개발이 제한된 곳이라 할 수 있으나 최근 남북관계의 긴장완화와 군사보호지역의 축소로 인하여 종전과 달리 이용가능한 자연공간이 늘어나고 있다. 따라서 이들 지역에 대한 관광지 개발의 활성화를 초래하고 있다.

넷째, 우리나라는 삼면이 바다로 둘러싸여 있어 상당히 넓은 면적의 해안지역이 있는데 이곳의 유휴지를 개발하여 새로운 공간을 만드는 데 있다. 특히 자연경관이 뛰어난 아름다운 해안 관광개발은 국민들의 새로운 관광활용 공간을 확대시키고 있다.

다섯째, 에코투어리즘(Eco tourism)의 공간이 상당히 확보되어야 한다. 환경공해를 발생하지 않는 청결한 국토보전을 위해 녹지대 설치, 휴양림 조성, 생태보전지구 지정관리, 자연보호구역 지정관리 등이 필요한데 이와 같은 에코투어리즘을 확대하는 것으로 환경친화적인 관광활동을 가능하게 하기 때문에 많은 관심의 대상이 되고 있다.

여섯째, 국토의 효율적인 활용을 가능하게 하는 이동수단의 발달을 통해 새로운 관광대상지가 넓어 지고 있다. 특히 사회간접자본과 교통수단의 발달은 새로운 지역에 대한 투자를 증대시키게 되어 관광객이 과거에는 방문할 수 없었던 미지의 장소에서 관광을 할 수 있게 되었다.

## 2. 관광행동과 관광지의 발전

### 1) 관광행동과 새로운 관광욕구

① 관광욕구의 의의

관광은 인간의 이동이라는 다양한 욕구를 충족시키기 위하여 관광목적지가 존재하는데 관광사업을 발전시키는데 있어 관광의 주체인 관광객에 관한 정확한 정보를 입수할 필요가 있다. 관광행동을 의미하는 관광욕구에 대해서 미국의 심리학자 매슬로우(A.H.Maslow)는 인간의 욕구가 5단계의 계층적 구조를 보이고 있으며 이는 생리적인 단계에서 사회적 단계, 그리고 자아실현의 단계로 이동한다고 한다.

특히 관광행동이란 생리적 단계의 관광욕구로부터 사회적 단계의 욕구를 충족시키기 위한 경우를 지칭하는데 현대인의 관점에서 본 관광은 자기가 생활하는 거주지역으로부터 멀리 이동하여 다른 지역의 문화와 사회를 보는 행위로 '긴장해방 동기', '사회적 존재 동기', '자기확대 달성 동기'의 3가지 요인이 작용하는 메카니즘을 가지고 있다. 이를 매슬로우의 5단계 욕구와 비교해 볼 때, 최종단계에 해당하는 자아실현 단계로 고차원적인 관광행동을 추구하고 있다.

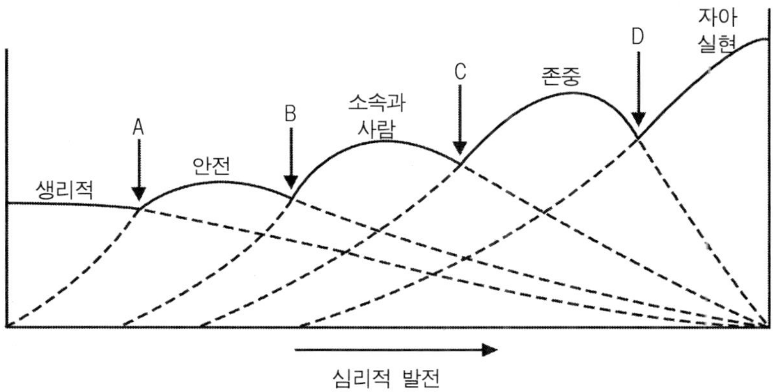


자료: David Richard S, Individual in Society.(N.Y. : McGraw Hill, 1995), p. 77.

〈그림 2-1〉 매슬로우 욕구 단계설

현대 관광행동은 사회경제적 상황의 변화와 더불어 그 목적, 동행자 등에 의해서 다양하게 분류될 수 있다. 관광행동의 목적으로는 휴양을 위한 관광, 보양관광, 수학여행, 견학, 종교행사에의 참가 등 문화적 관광이 있으며 신혼여행, 친목여행 등의 사회적 관광, 스포츠 관람을 포함한 스포츠 관광, 정치적인 이벤트를 구경하기 위한 내용을 포함한 정치적 관광, 박람회·전시회를 포함한 경제적 관광 등을 추구하고 있다. 관광행동의 동행자에 의한 분류에는 개인, 가족, 그룹(친구 등), 단체 등의 분류가 일반적이다. 특히 단체관광은 그 분류 특징이 단체여행인 경우에 할인혜택이 상당히 많다는 점에서 대중관광의 발전에 많은 공헌을 하였으며 최근에는 가족과 친구그룹에 의한 단체가 상당히 증가하는 추세를 보이고 있다. 대다수 사람들이 단체여행을 선호하는 이유로는 비용이 저렴하다는 경제적인 이유이외에 참가그룹의 즐거움, 여행스케줄 등의 번거러운 일이 없다는 점, 여행지식의 부족으로 인해 발생하는 정보수집을 위한 시간적 비용지출이 없다는 점이라 할 수 있다. 또한 관광객들의 연령·직업과도 관계가 있으며 중장년층, 농림어업, 상공업서비스 종사자가 단체형 관광에 참가하는 경우가 많다.

② 새로운 여가의 발생

관광은 다양한 관광욕구와 더불어 그 형태가 다양해지고 있으며 새로운 관광욕구를 어떻게 할 것인가는 중요한 과제라 할 수 있다. 우선 현재 주5일 근무제를 실시하고 있는 관공서를 비롯한 기타 기업도 근시일내에 주5일 근무제가 100% 실현될 예정이기 때문에 금요일이 주말이 되고 1주일 중에 2일의 휴일을 즐기는 상황은 다음과 같은 현상을 예측할 수 있다.

첫째, 2일 휴일 중 1일을 관광레저 활동으로 충당하고 1일을 유유자적하면서 휴양할 수 있기 때문에 당일 또는 1박 관광을 손쉽게 할 수 있다는 점이다.

둘째, 금요일 저녁부터 2박 3일의 관광을 즐길 수 있다는 점이다.

셋째, 당일관광과 1박 관광의 경우에도 많은 활동을 즐길 수 있는데 교통의 발달과 더불어 관광객의 행동범위가 더욱 넓어지고 있다는 점이다.

넷째, 당일 또는 1박의 관광레저 활동이 활발해 지고 일상생활에서 관광과 비일상적인 활동으로의 관광을 어떻게 구분할 것인가가 애매모호해 진다는 점이다.

다섯째, 평생교육, 스포츠·레크리에이션, 봉사활동 등에 활발하게 참가한다는 점이다.

여섯째, 초·중·고등학교의 주5일 수업제 도입의 확대는 가족을 동반한 관광여행을 더욱 촉진시키는 효과가 발생한다는 점이다.

이러한 우리 사회의 변화에 따른 대응방법으로 대도시에서 손쉽게 주말을 이용한 당일권, 1박 단위 관광수요의 증대에 대비하여 적절한 여가공간의 정비가 필요하다. 말하자면 경제적으로 가처분할 수 있는 소득이 상승하지 않는 한 관광객들은 경제적 비용을 그다지 동반하지 않는 피크닉, 가정에서의 야채농장 등과 같은 일반인들의 일상적인 레저수요 증가에 대비해야 한다. 이는 주5일 근무제 실시에 따른 가처분 시간에 대응하기 위해 주거지로부터 조금 원거리인 경우일지라도 여가공간 활용을 위한 시설들을 설치하는 것이 바람직하다.

그러나 우리나라는 프랑스를 비롯한 서구사회에서 볼 수 있는 장기휴가와 같은 바캉스는 아직 실현가능성이 희박하다고 할 수 있다. 일반적으로 몇일을 즐길 수 있는 장기휴가가 있는데 여름철 휴가, 연말연시, 황금연휴에 집중되어 있으나 앞으로 다양한 장기 휴가제도의 확대가 중시된다고 할 수 있다. 무엇보다 장기휴가와 같은 여가활동은 노동과 근면을 중시하는 우리나라의 풍습에서 현재까지 어떻게 즐길 것인가를 모르는 사람들이 있어 무위도식하면서 보내는 경우가 많으나 장기 여가활동에 대한 의식의 보급과 습관화를 지속적으로 발전시킬 필요가 있다. 하지만 장기휴가를 관광으로 즐길 때, 매우 신중하게 고려해야 할 문제는 관광비용이 상당히 많이 든다는 점이다. 말하자면 우리나라 관광지와 개별 관광시설의 대부분은 관찰형, 행동형, 보양형, 스포츠·레크리에이션형, 체험형으로 장기체재의 관광을 즐기기에는 불충분하다. 따라서 유유자적하면서 관광활동을 즐기는 일, 자유로운 환경 속에서 즐길 수 있는 시설과 지역 만들기가 요구된다. 무엇보다 리조트와 같은 장기체재를 위한 관광지도 있으나 고급지향인 경우에는 많은 체재비용을 동반하기 때문에 저렴한 가격의 숙박시설(민박, 야영장 등)과 다양한 요금의 선택이 가능한 음식제공을 필요로 하고 있다.

③ 새로운 관광욕구에의 대응

현대의 관광행동에는 다양한 욕구와 관련성을 가지고 있으며 관광의 성립에 영향을 미치는 욕구를 관광욕구로 간주하는데 사람들이 관광경험이 부족할 경우에는 여행경험자의 안내를 받거나 단체관광에 참가하여 경험을 쌓는다. 관광경험이 확대되면 개인, 소수의 관광활동에 참가하게 되고 점차로 관광의 욕구도 다양화되어 고차원의 관광을 경험하려고 한다.

가. 평생학습의 기회 확대

앞으로 자유시간의 증대와 더불어 평생학습에 대한 욕구가 상당히 증가하리라 예측된다. 평생학습의 경우는 건강, 스포츠, 취미적인 것, 직업상 필요한 지식, 기능 등 다양한데 평생학습을 하는 장소로는 지역의 마을회관과 같은 공공적 시설물, 도서관, 미술관, 박물관 등의 문화시설, 체육관, 스포츠클럽, 운동광장, 야외활동시설 등의 스포츠시설이 있다. 평생학습의 내용은 취미, 창작, 교양, 학습, 스포츠, 지식과 기능 습득 등으로 구성되어 있으며 관광은 기본적으로 각 분야의 주요한 활동이라 할 수 있다. 평생학습의 보급과 더불어 일반적으로 개개인의 개성화 등이 뚜렷해지기 때문에 관광지와 개별 관광시설의 특징을 보다 명확하고 고도의 지식과 기술에 대응할 수 있는 시설과 소프트 시설 만들기가 요구된다. 특히 취미를 실현할 수 있는 여행, 취미와 관광을 겸비할 수 있는 여행이 증가하고, 취미와 교양이 매우 다양해진다. 그래서 지금까지 일반적으로 관광자원의 가치가 낮은 것이었으나 활용여하에 따라서 많은 이득을 얻을 수 있으며 다른 자원과의 결합을 통하여 그 매력을 더욱 창출할 수 있다. 평생교육의 확대를 통해 자원봉사활동도 더욱 활성화될 것이며 관광에 있어서도 관광가이드와 자원봉사활동 장소가 많아서 적극적으로 조직화를 유도할 필요가 있다.

나. 가족여행의 증대

직장과 지역을 중심으로 한 단체여행이 감소하고 그 대신에 가족여행이 급속히 증가할 것이다. 가족여행은 어린이의 연령이 2살부터 초등학생까지의 가족이 많으며 동행자는 부부와 아이가 많고 부부만의 여행, 친척과의 여행, 가족과 친구, 지인과의 여행 형태도 있다. 또한 고령화 사회를 배경으로 노인부부, 노인을 포함한 3세대의 관광도 증가하고 있다. 가족여행인 경우는 어린이가 중심이 된 여행으로 아이의 활동관광시설을 주제로 관광정비를 할 필요가 있다. 3세대 여행을 위해서 아이들이 즐기는 것, 어른들이 즐기는 것, 또는 아이와 어른이 동시에 즐길 수 있는 복합적인 시설 만들기도 필요하다. 숙박시설의 경우는 가족들이 사용하기 쉽도록 하여야 하며 어린이를 동반하는 여행요금은 어린이의 양육비에 대한 경제적인 부담이 있기 때문에 저렴한 숙박시설 만들기가 요구된다.

다. 자연지향적 관광욕구

에코투어리즘, 농촌관광과 같은 자연지향적인 새로운 관광요구가 등장하고 있는데 이는 몇 가지의 요인에서 그 중요성을 볼 수 있다. 첫째, 편안함을 추구하고 건강지향이라는 자연의 직접적 효과를 들 수 있다. 둘째, 도시화의 발달과 더불어 생활환경의 악화로 인해 생활 속에서 자연을 되찾으려 하고 있다. 셋째, 자연과의 공생을 위한 공존의식의 확대이다. 이를 위해 몇 가지 검토해야 하는 것으로 첫째, 지역의 환경보전을 하면서 관광객의 관광욕구를 해결하기 위해 설치되는 호텔, 주차장, 도로 등의 물리적인 부문을 점차로 늘리는 것이 아니라 자연환경과의 균형을 유지하는 것이 생태적인 적정규모를 이해하는데 중시된다. 이를 위해 귀중한 자연을 보호하고 육성하여야 하는데 시설의 정비에 있어서 자연지역의 수용력을 정확하게 파악하고 지역의 자연을 보전하기 위한 유지관리를 해야 하는데 이용자 부담과 공적보조금의 조성 등을 통한 지역의 환경보전을 신중하게 검토할 필요가 있다. 둘째, 자연환경이 뛰어난 지역에서 자연을 즐기기도 하고 자연과 접촉하기도 하며 자연 속에서 즐길 수 있는 놀이장소 만들기 등을 신중하게 검토할 필요가 있다. 일반적으로 지역에 있어 하천의 놀이장소, 곤충채집 등을 즐길 수 있는 장소 만들기를 추진하고 스포츠시설을 정비하는 경우에는 기상조건, 지형조건, 시장조건을 면밀히 검토하여 시설정비에 무리가 없는 자연환경을 고려한 정비를 해야 한다. 무엇보다 자연에 흥미를 가지기도 하며 학습할 수 있는 것을 고려한 예로 기존의 하이킹 코스를 자연탐방길로 정비하는 경우이다. 그리고 지역의 음식물과 토산품에는 식품첨가물 등을 사용하지 않는 재료를 이용하여 자연미를 그대로 살려야 한다. 그리고 자연지향과 연관된 가족캠프, 해양성 스포츠(윈드서핑, 요트, 스쿠버다이빙), 자연탐색로 자연사박물관, 생태박물관 관람과 같은 활동은 앞으로도 성장 가능성이 높으며 그들에 대응하기 위한 시설과 조직의 정비를 검토할 필요가 있다.

### 라. 참가형 관광의 중시

현대의 관광욕구는 '보는 관광'에서 '하는 관광'으로 변화하고 있으며 '하는 관광'이 순조롭게 성장하고 있다. '하는 관광'은 스포츠, 취미, 학습, 체험, 참가, 식사, 쇼핑 등 다양한 내용이 포함되어 있다. '보는 관광'은 '수동적인 이미지'가 강하지만 능동적인 관광의 전형은 스포츠라 할 수 있으며 관광활동에 있어 스포츠는 현재까지 꾸준하게 성장을 거듭하고 있으며 앞으로도 여가시간 증가와 건강지향의 의식증대 등으로 인해 확실한 증가가 예측된다. 무엇보다 현대인의 스포츠에 대한 참가 희망률이 높으며 새로운 스포츠·스쿠버다이버, 승마 등에 대한 관심이 증대되고 있다.

또한 야외생활 지향의 증대로 인해 가족여행 등에 있어서 야영에 대한 수요도 증가하고 있는데 일상적으로 자신이 경험할 수 없는 일, 특이한 것을 경험하기 위한 활동이 증가추세에 있다. 특히 체험관광의 전형적인 사례로는 특수한 기후체험, 농업체험, 어업체험, 임업체험, 목장체험 등이 있고 체험관광도 지역의 기후, 자연환경, 산업 등과 밀접하게 연관을 맺고 있으며 여기에 참가하는 관광객을 위해 단독의 관광효과보다 지역의 특성을 살린 하나의 수단으로 활용하는 것이 중요하다. 참가형 관광이벤트는 축제와 행사에 있어 단지 구경하는 사람이라기 보다는 그 이벤트에 참가하여 즐거움도 증가시킨다는데 있다. 관광이벤트는 국가와 지역에 따라 다양한 유형이 있으며 관광목적지가 되기도 하는데 관광에서 음식은 중요한 요소라 할 수 있다. 말하자면 훌륭한 관광지의 조건을 겸비한 곳의 좋은 음식물은 관광의 즐거움을 증폭시키는 요인이 되고 있다.

특히 스포츠 활동을 위한 시설정비는 일상적인 생활권이나 관광지에도 중요한 참가활동의 하나라 할 수 있다. 특히 여름철 해수욕의 경우는 참가희망자가 많으며 해수욕장은 과거의 노후된 시설을 새로이 정비하여 새로운 관광객 욕구에 맞는 시설정비를 할 필요가 있다. 야영장은 종전부터 교육캠프, 등산캠프와 달리 자동차가 텐트입구까지 들어 갈 수가 있는 가족이용을 중심으로 한 캠프장으로 수요에 비해 공급이 상당히 뒤떨어져 있기 때문에 시급한 시설정비가 요구된다.

### 2) 관광지의 유형과 발전

① 관광지의 개념

관광지는 관광의 목적지로서의 역할을 하는 곳으로 일상적 생활권을 벗어난 상이한 지역을 지칭하는데 관광객의 관광동기를 충족시킬 수 있는 관광의 지역적 공간이라 할 수 있다. 이를 보다 구체적으로 설명하면 관광객이 일상생활공간을 떠나서 자신의 관광욕구를 충족시키기 위하여 일정시간 동안 체재하는 지역으로서 관광동기를 충족시킬 수 있는 자연 · 문화 · 사회·산업 등의 관광자원을 보유하고 관광객의 관광활동을 가능하게 하는 각종 숙박시설, 식음료시설, 교통 · 통신 · 상하수도 · 전력 · 정보서비스시설 등의 각종 기반시설이 있는 곳이다. 말하자면 관광지는 출발지 또는 거주지를 벗어나 관광객의 관광동기를 충족시킬 수 있는 관광경관적 조건을 구비한 관광공간이라 할 수 있으며 관광자원의 가치와 매력성, 관광객 편의시설 구비, 관광지로 연결되는 교통수단과 교통로의 접근성 등이 상호작용하면서 형성된 관광활동 공간으로 관광자원 성격에 따라 관광지의 특성이 달라진다. 그러므로 관광공간, 즉 관광지는 장소(place), 지구 또는 영역(area), 지역(region)을 모두 포함하는 공간적 개념이라 할 수 있으며 이 공간 내에서 관광입지(tourist location)의 기본요건을 구비하고 있다.

② 관광지의 유형과 발전

일반적으로 관광지에는 자연적, 문화적, 사회적, 산업적 관광자원을 기반으로 하여 다양한 관광시설을 경영하는 관광기업으로 구성되어 있다. 그에 따라 다양한 관광지의 유형이 있으며 무엇보다 관광지내의 관광자원의 특성에 따른 입지조건과 시장동향, 시설정비 등의 요인에 의해서 그 특성이 결정된다.

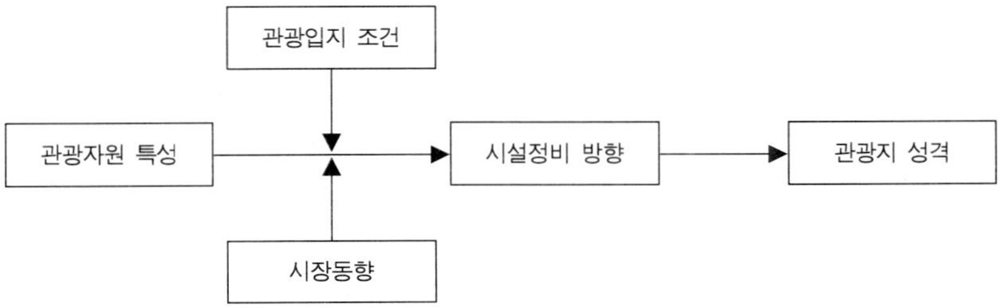


자료: 小谷達男,『觀光事業論』, 1994, p.123.

〈그림 2-2〉 관광지 정비의 방향

관광지는 관광자원과 관광행동과의 관계에 의해서 유형별 특성을 지니고 있으며 관광행동에서 본 관광지의 기본 유형으로는 첫째, 주유형 관광으로 관람관광지(자연풍경지, 명소·사적), 둘째, 보양형 관광으로 보양형 관광지(온천지, 리조트), 셋째, 스포츠형 관광으로 스포츠형 관광지 등으로 구분할 수 있다. 특히 자연적, 문화적, 사회적, 산업적 관광자원의 유형에 따라 관광지의 유형화는 가장 보편적인 방법이라 할 수 있으나 그 관광지역이 가진 환경과 분위기에 의하여 관광지의 이미지를 돋보이게 하는 경우도 많다.

특히 관광입지에 근거한 관광지 특성은 관광자원 특성과 시장과의 근접성 및 관광루터 등에 의해서 결정되며 숙박형 관광지, 당일형 관광지, 통과형 관광지와 같은 유형이 결정된다.

이러한 관광지는 초기 관광객에 의한 새로운 관광지역의 발견, 관광의 대중화, 환경악화에 의한 관광객의 감소과정을 거치게 되는데 그에 따라 관광지의 발전 모습도 달리할 수 있다. 첫째, 관광지의 개발시기에는 관광자원 특성에 의존하여 개발에 착수하게 되는데 관광객을 위한 편의시설은 가능한 최소한도에 그치고 관광 시설 및 서비스 수준은 낮으며 교통의 편리성도 불충분한 단계라 할 수 있다. 둘째, 관광지의 발전기에는 관광관련시설의 정비를 필요로 하고 관광시설간의 경쟁이 격화되어 과잉투자의 징조가 발생한다. 비수기의 대책이 필요하게 되어 복합적 자원을 중심으로 한 입지형태를 갖추게 되는데 지역사회와의 마찰, 환경·자연보호문제가 제기되기도 한다. 특히 관광지로서 기반정비와 환경정비의 과제가 발생하고 사회공동체적 유지를 위한 방향성을 고민하게 된다. 셋째, 관광지의 성숙기에는 관광·보양·스포츠 수요에 대응한 종합리조트 개발을 더욱 필요로 하며 리조트지로서 지역적으로 특화되면 지역사회를 배척하는 경향이 발생하게 되기 때문에 무엇보다 관광지로서의 차별화, 생활환경 정비, 하수·쓰레기 처리 등의 심각한 과제가 대두된다.

| Chapter 3 |

# 관광자원의 활용과 관광지 계획

## 1. 관광자원의 평가와 활용 방안

### 1) 관광자원의 정의와 분류

관광자원이란 관광객이 관광욕구를 가지고 스스로 이동하여 구입할 수 있는 관광대상물로써 관광업자가 공급하는 재화와 서비스를 제외한 것이다. 그 관광자원에는 국제적으로 관광객에게 매력을 제공하는 세계적인 유산만이 아니라 국립공원과 같은 자연경관과 국보급의 건조물, 주로 지역 관광객에게 이용되는 시군단위의 대상물까지 다양하고 풍부하나 관광객의 지향성과 시대성에 따라서 그 의의는 변화한다.

관광자원의 분류에는 자연적 자원, 문화적 자원, 사회적 자원, 산업적 자원으로 분류할 수 있는데 먼저 자연적 자원은 천연자원으로 풍경, 온천, 동식물·야생생물이 있으며 천연현상으로 기후·풍토, 기상, 자연현상, 천체관측 등이 있다. 이처럼 관광대상이 되는 자연에는 먼저 국립공원과 같은 면적 대상물과 천연기념물과 같은 소규모의 대상물이 있다. 특히 여름의 신록, 가을의 단풍, 겨울의 눈풍경과 같이 자연은 시시각각 변화하여 관광자원성을 변화시키며 관광의 계절성을 가져오기도 한다. 이러한 자연적 관광자원은 관광과 레크리

〈표 3-1〉 관광자원의 분류

| | 내 용 |
|---|---|
| 자연적 자원 | (1)천연자원 : ⓐ풍경 ⓑ온천 ⓒ동식물 · 야생동물<br>(2)천연현상 : ⓐ기후 ⓑ기상 ⓒ자연현상 ⓓ천체(天体)관측 |
| 문화적(인문적) 자원 | (1)유형문화재 (2)무형문화재 (3)민속문화재 (4)사적 (5)명승<br>(6)천연기념물 (7) 전통적 건조물군 (8)역사적 풍토 (9)풍토기의 언덕<br>(10)역사적 항만환경 |
| 사회적 자원 | (1) 유형사회자원 : ⓐ도시 ⓑ도시공원 ⓒ교육 · 문화 시설<br>(2) 무형사회자원 : ⓐ인정 · 풍속 · 민화 · 행사 등<br>ⓑ국민성 · 민족성, ⓒ의식주 · 생활<br>ⓓ예술 · 예도 · 예능 · 스포츠 |
| 산업적 자원 | (1)공장시설 (2)관광농림업 (3)관광목장 (4)관광어업 (5)전시시설 |

자료: 足羽洋保, 『観光資源論』, 中央経済社, 1997, p.7.

에이션의 중요한 목적이 되고 있으며 자연환경의 적절한 보호 및 이용을 통하여 국민보건, 보양 등에 이바지하고 있다. 둘째, 문화적 관광자원은 관광대상인 문화유산 그 자체를 의미하며 유형문화재, 무형문화재, 민속문화재, 기념물 등의 관광자원이 있는데 이는 관광객에게 많은 매력을 제공한다. 이러한 자원은 민족문화 보존적 차원에서 보호를 필요로 하기 때문에 문화재보호법에 의해 국가적 차원에서 보호를 하고 있다. 셋째, 사회적 관광자원이란 그 나라 또는 그 지역이 가진 특성이라 할 수 있는 유형사회자본과 무형사회자원을 말한다. 유형사회자원에는 도시, 도시공원, 교육·사회·문화 시설, 테마파크 등이 있으며 무형사회자원에는 인정·풍속·민화·행사, 민족성·국민성, 의식주·생활, 예술·예능·스포츠 등이 있다. 이처럼 사회적 관광은 공통적 사회생활을 기반으로 관광객에게 공통된 커뮤니케이션 장소를 공급하고 지역사회 내외의 평가를 높이는 요소를 지니고 있다. 넷째, 산업적 관광자원에는 산업시설, 관광농림업, 관광목장, 관광어업, 전시시설 등이 포함된다. 이 자원은 사물을 생산하는 부문과 생산하지 않는 부문이 있으며 관광과는 다르게 자신의 산업을 위해 발전되어 왔으나 관광객 욕구의 다양화와 더불어 관광대상이 된 것이다.

무엇보다 관광자원은 산업적 자원이 아니라 생활적 자원으로 산업자원과 크게 다른 점은 보호를 필요로 하지 않는다는 점이라고 할 수 있는데 관광객이 어떻게 적절한 이용을 하느냐에 따라 소모되지 않는 특징을 가지고 있다. 하지만 기존의 자원성만으로는 현대적 의미의 관광대상물로서 가치가 저하되는 경우가 있기 때문에 관광자본의 투자를 어떻게 활용하느냐에 따라서 관광자원성을 증대시키기도 하고 관광지의 발전을 유도하고 지역의 경제적 발전을 유도하게 된다. 한편으로는 관광자원이 가진 문화적·교육적인 의의가 더욱 새롭게 평가되어 그 중요성이 부각된다.

### 2) 관광자원의 발견과 활용

관광자원은 일반적으로 관광행동의 패턴에 따라 감상형 자원, 휴양형 자원, 스포츠·레크리에이션 자원으로 구분하는 경우가 많은데 그 특성 및 규모에 근거하여 적절한 개발을 위한 관광자원의 새로운 발견이 필요하다. 관광자원의 발견에는 그 관광자원 자체만이 아니라 입지평가에 의한 발견도 불가결하기 때문에 관광자원은 아무리 훌륭한 관광대상으로서의 잠재력을 가진다고 할지라도 그 입지조건에 따라 개발의 여부와 상황이 결정된다.

말하자면 과거의 관광자원은 다른 지역에 없는 아름다운 자원과 훌륭한 자원 등을 보는 행위가 중심이었으나 현재는 그 관광자원을 유지·존속시켜온 지역의 생활문화 및 풍토와 같이 지역에서 발견할 수 있는 분위기와 모습 속에 내포된 내용도 포함되기 때문이다. 예를 들면 부둣가의 재래시장에서 어산물 구매를 위한 관광은 단지 신선한 고기를 저렴한 가격으로 구매하는 일만이 아니라 항구와 생선시장, 더욱이 그 주변 마을을 포함한 어항의 분위기가 만들어 내는 정서가 관광객들에게 매력적 요소가 되기도 한다. 그래서 관광자원 발견에 있어 그 지역적인 산물인 생활문화와 풍토요소를 다각적이며 종합적인 시각에서 고찰할 필요성이 있다.

오늘날 관광자원은 그 지역의 생활문화 속에서 풍기는 것으로 그 지역 주민들에게 자긍심과 애착심을 느끼게 하며 관광객들에게 매력적인 요소를 자아내게 한다고 할 수 있다. 이러한 관광자원은 그 평가에 있어 특이한 자원만이 아니라 그 지역의 생활문화와 풍토의 분위기를 전달할 수 있는 자원으로 평가해 가는 것이 중요하며 또한 그것은 생활하기 좋고 방문하기 좋은 곳으로 가장 이상적인 관광지라 할 수 있다.

이러한 관광자원의 평가방법에는 여러 가지 요소가 있을 수 있으나 그 자원의 입지분석과 개발규제 조건 등을 종합적으로 평가해야 하는데 이것은 지역적 자원을 정확하게 인지하고 있는 지역주민과 행정담당자 등에 의한 평가, 객관성 유지를 위한 외부전문가에 의한 평가로 구분할 수 있다. 지역주민과 행정담당자 등에 의한 평가는 외부전문가보다도 지역자원에 대해 많은 정보를 상세하게 알고 있기 때문에 하나의 장점인 반면에 어느 정도 객관적인 시야에서 외부적 자원을 볼 수 있는가가 요구되기도 하며 이들도 외부전문가와 같이 다수 관광지를 방문하고 다수의 자원을 접할 기회가 많기 때문에 관광자원에 대해 어느 정도 객관적인 평가기준을 가지는 경우도 있다. 한편 외부전문가는 다수의 관광지를 직접 방문하여 대다수 자원에 접하며 독자적이며 객관적인 평가 기준으로 업무를 수행하며 지역외의 관광객 관점에서 관광자원에 접할 수 있기 때문에 지역 내 주민들에게 자신이 소유하고 있는 우수한 자원을 제시할 수 있다. 무엇보다 지역주민들이 간과할 수 있는 것은 그다지 의미 없는 자원이라 할지라도 전문가적 입장에서 객관적으로 정확한 평가를 내리는 일이 가능하다는 점이다.

무엇보다 관광자원을 이용하는 사람은 지역내의 주민과 지역외부로부터 방문하는 관광객이라는 점에서 지역주민과 행정담당자에 의한 평가와 외부전문가에 의한 평가를 종합적으로 고려할 필요가 있다. 왜냐하면 관광자원은 그 활용도에서 볼 때 지역주민들이 생활하기 좋으며 방문하기 좋은 관광지 만들기를 염두에 두고 추진하는 경우가 많기 때문이다. 특히 관광객에게 어떠한 감동을 줄 수 있는 것이라면 대다수의 대상이 관광자원이 될 수 있다는 점에서 관광을 위한 활용가능성이 매우 높으나 그들 모두를 관광자원으로 활용한다는 것은 어려운 일이다.

예를 들면 모든 관광자원을 활용한다고 할지라도 매력적인 관광지로 성장할 수 있는 요소는 적으며 오히려 각각의 특징을 살려서 그 지역의 아름다움을 창조하는 것이 중요하다.

그래서 관광자원의 활용방법에는 그것을 돋보이게 하는 방법, 매력을 상승시키는 방법, 전개하는 방법 등으로 구분하여 고찰할 수 있다.

먼저 관광자원을 돋보이게 하는 방법이란 실제의 풍경을 돋보이게 하는 방법을 의미하는데 예를 들면 '사계절의 아름다움을 가진 우리나라 최고의 명산 금강산'으로 표현할 수 있으며 경치를 돋보이게 하는 방법은 사람의 마음 움직임을 통하여 맛볼 수 있는 풍경으로 예를 들면 '○○소금강' 등과 같은 표현방법이 있다.

관광자원의 매력을 상승시키는 방법은 관광자원 자체의 매력물과 더불어 새로이 관광시설 및 서비스를 부가하는 일로 관광대상물의 보수·복원, 주위의 경관배치(그림과 땅의 위치), 조명설치, 볼거리 설치를 하는 경우이다.

관광자원을 전개하는 방법은 관광자원이 지닌 특성을 살려서 지역적으로 특색을 가진 자원으로 어떻게 만들 것인가가 주요한 포인트라 할 수 있다. 예를 들면 역사문화로부터의 관광자원 전개, 지역의 인물로부터의 관광자원 전개, 산악・하천・바다 등과 같은 자원으로부터의 관광자원 전개, 희귀동물의 서식지로 부터의 관광자원 전개, 특수한 식물로부터의 관광자원 전개, 특수한 행사와 축제로부터의 관광자원 전개, 지역의 산업 및 특산물을 통한 관광자원 전개, 문학·영화·텔레비젼 드라마의 무대지역을 활용한 관광자원 전개, 역사적 풍경으로부터의 관광자원 전개가 있다.

## 2. 관광지 계획의 의의와 계획추진 방법

### 1) 관광지 계획의 개념

관광지 계획은 관광객 스스로가 거주하고 있는 일상적인 공간인 생활거점을 탈출하여 비일상적인 관광공간으로 나가거나 새로운 지역의 문화와 사회를 접하고 재차 생활거점으로 되돌아오는 일을 하는 일련의 과정에서 관광의 목적지 계획에 해당된다.

이들 관광지 계획에는 목적과 수단이 명확해야 하는데 목적은 누구를 위한 것인가라는 수요적인 측면이 강하며 수단은 어떠한 방법으로 만들 것인가에 대한 공급적인 측면이 작용한다. 구체적으로 이들 계획을 보면 교통유치 계획, 관광회유 계획, 관광대상 계획, 관광시설 계획을 들 수 있으며 이 중 관광회유 계획, 관광대상 계획, 관광시설 계획은 직접적인 관광지 계획이며 교통유치 계획은 간접적인 관광지 계획에 해당된다. 교통유치 계획은 시장과 관광지 간의 기본거리와 노선, 교통수단에 관한 계획을 말하며 국토간선 교통계획, 시도간선 교통계획 등에 근거하는 경우가 많다. 시군 등의 관광계획 중에는 전국단위의 교통에 관한 현황과 장래 계획을 정확하게 파악할 필요가 있다. 이는 계획의 전제조건이 되기도 하며 새로운 교통시설의 정비를 하는데 있어 광역교통 계획과 종합계획 등에 반영되는 것이 중요하다. 관광회유계획에는 복수의 관광거점에 대한 회유(주유)행동에 관한 계획으로 관광객을 유도하기 위한 관광루터와 관광코스 설정, 프로모션 계획 등의 책정이 계획내용으로 필요하다. 관광지 계획은 각각의 관광시설 부문을 포함하나 관광행동의 전개를 위한 보다 광범위한 공간적 범위를 대상으로 하는 경우인데 그것에는 복수의 관광시설이 계획되는 것이 아니라 환경과 경관, 교통, 이용시스템, 관리·운영방법 등의 계획이 포함되며 단지 하드웨어부문만이 아니라 관리·운영 등 소프트웨어부문의 계획이 중요하게 작용된다는 점에서 종합적인 계획으로 간주할 수 있다.

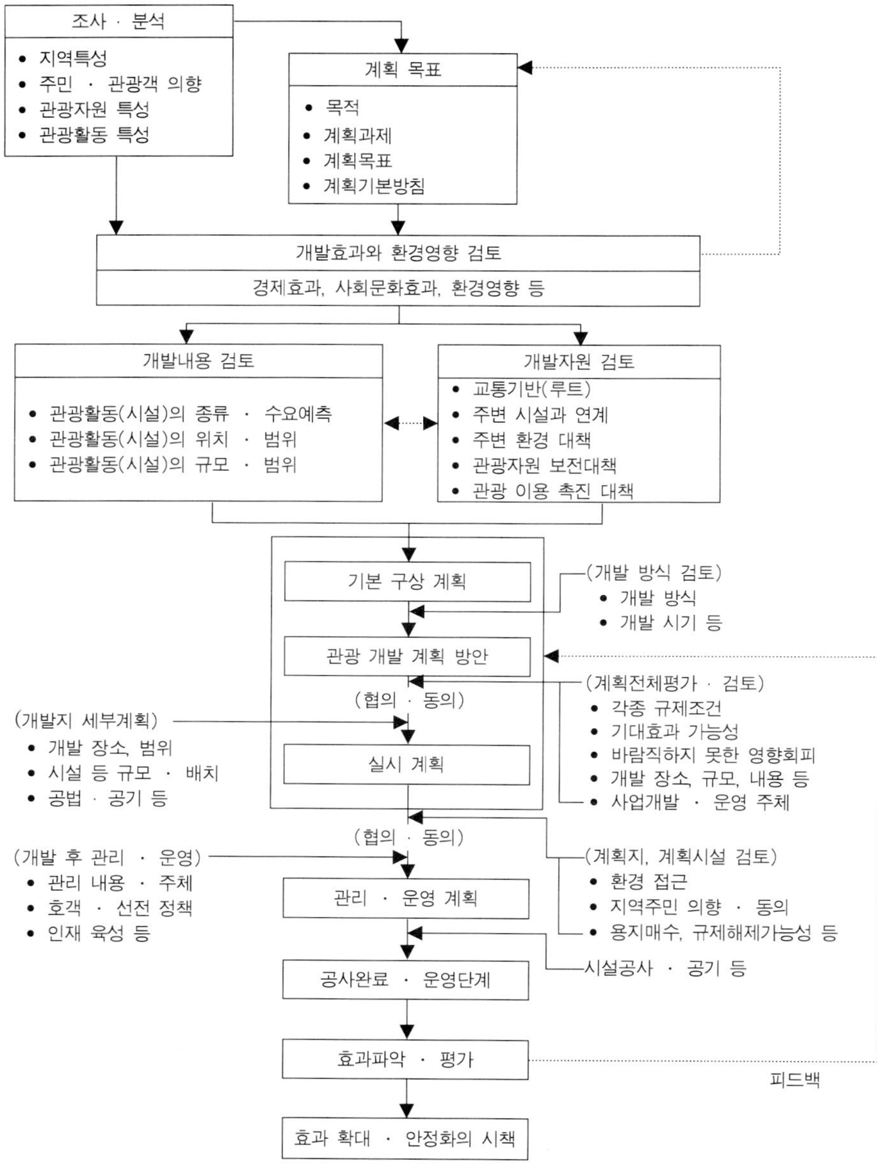


자료: 香川眞, 『現代観光研究』, 嵯峨野書院, 1996, p.227

<그림 3-1> 관광개발계획의 기본절차

### 2) 관광지 계획 단계 및 방법

관광지 계획은 관광지의 장래를 결정하는 중요한 역할을 하며 계획단계로서의 관광지는 그 지역의 본질 평가 등에 근거를 둔 목표설정을 위한 기본구상을 하게 된다. 특히 장래의 비전을 제시하기 위하여 구체적인 프로세스와 수단을 명확히 할 필요가 있으며 현실성 높은 계획을 책정하기 위한 단계를 정리하면 다음과 같다.

첫째, 기본구상 설정단계이다. 이는 관광지의 미래를 결정하는 계획단계로 관광지로서의 본질 평가 등을 위한 목표설정이 중요하다고 할 수 있다. 둘째, 기본계획 단계이다. 이는 미래의 관광지를 조성하기 위한 구체적인 프로세스와 수단을 명확히 하면서 실현가능성이 높은 계획을 결정하는 데 있다. 셋째, 실시 단계이다. 이의 구체적인 실현을 위하여 관계자와 관계 설정의 단계를 의미하며 기본계획을 전문적인 관점에서 보다 상세히 하면서 문제점의 해결방법을 하나하나 구체적으로 검토하는 데 있다. 넷째, 설계 및 활동프로그램 등의 단계이다. 이는 실시계획을 수립하고 하드웨어부문에 관한 설계, 프로모션 활동 등에 관한 활동프로그램 등을 만들면서 사업이 실천적으로 전환될 수 있도록 한다.

한편 관광지의 계획공간단위에 관한 내용을 정리하면 첫째, 관광지 계획은 계획과제와 대상관광지의 구조를 파악하고 적당한 공간이 선택되도록 하여야 한다. 둘째, 행정이 책정하는 관광지 계획으로 관광행정의 구조와 방향성을 제시하는 데 있으며 도계획단위, 시군계획단위의 관광기본계획만이 아니라 관광지로서의 이미지 폭과 해당 행정단체(관광지)와 주변 관광지와의 이용형태상의 의존관계(목적적으로 이용되는가, 통과형 이용이 목적인가)등을 검토하여 보다 구체적이기도 하며 현실적인 지역을 대상으로 한 계획을 필요로 하는 경우가 많다.

관광지 계획의 추진 방법으로는 관광계획 절차, 관광기관과의 조정, 전문가 위탁을 통한 계획의 책정을 실시하게 된다. 관광계획 절차는 자립적인 관광지 경영이라는 시점에서 지역의식을 높이기 위하여 계획단계에서 지역을 포함시키는 것이 유효한 경우가 있는데 이의 구체적인 방법으로는 첫째 지역참가의 계획책정위원회 등에 자문하는 일로 행정전문가 등과 협력하여 작성하는 계획안을 지역주민대표자가 참가하는 조사위원회 등에 의뢰하여 지역관심을 반영하는 방법이 있다. 둘째, 지역과의 공동작업에 의해 계획을 책정하는 방법으로 이는 행정담당자와 지역대표자, 민간사업주, 전문가 등으로 구성된 계획팀이 공동으로 계획책정을 추진하는 방법이라 할 수 있는데 지역도 적극적으로 아이디어를 제시하기도 하며 의사결정에 참가할 수 있기 때문에 효과적이라 할 수 있다. 셋째, 지역주도의 계획을 책정하는 것으로 지역의식이 높은 선진 관광지 등에서는 지역주도로 계획책정이 추진되고 있으며 학습 등을 위한 단체모임이 매우 활발하게 전개되는 경우가 있다. 행정은 이러한 것을 지원하고 계획의 의사결정 단계에서 어느 정도 지역에 위탁하는 일도 가능하다.

관광지 계획에 있어 관광기관과의 조정은 종합적인 계획으로 사업수행과 인허가와 연관된 행정기관, 민간기관이 다양하게 존재하며 계획책정의 실천에 있어서도 이러한 관련기관과의 조정은 중요한 요인이라 할 수 있다. 상위계획과 병행하여 다른 주요 사업계획을 충분히 종합적으로 검토할 필요가 있으나 구상단계에서 비전에 대한 문제가 발생하는 경우에 기존의 상위계획에 그다지 얽매이지 않는 것이 필요하다. 관광지 계획으로 확정된 새로운 구상은 관련사업을 성실히 실행하기 위하여 상위계획(종합계획 등)에서 그 내용을 명확히 제시할 필요가 있다.

전문가 위탁을 통한 계획의 책정은 외부기관의 공정한 평가외에 선진적인 사고를 도입하기 위한 계획을 위하여 구체적인 계획책정작업을 외부 전문가에 위탁하는 경우도 있다. 행정측에서의 유의사항으로는 위탁된 과제를 명확하게 외부전문가에 알리는 일, 가능한 한 행정정보를 공개하고 정보를 외부전문가들과도 공유하는 경우도 있다. 또한 전문가의 의견을 적극적으로 수용하여 계획책정을 하기도 하며 그 내용을 정확하게 알리는 방법도 중요하다.

## 3. 구체적 계획 내용과 수법

### 1) 계획과제의 정리와 계획대상의 조건 분석

구체적인 계획을 실시하기 전에 우선 계획의 주체를 명확히 알고, 무엇을 위한 계획책정인가에 대한 계획목적을 정한 후, 계획대상이 되는 관광사업 범위와 계획대상공간을 설정하게 된다. 그리고 장기적 계획인지, 단기적 계획인지의 여부와 계획의 실제정도 등에 관한 계획과제를 정리하게 된다. 이러한 정리를 바탕으로 계획대상지의 조건을 분석하는 것이 중요하다. 관광지 계획에는 전국적 또는 계획대상지역의 지역정책 조건과 사회·경제동향을 정확하게 파악하고 계획에 반영시키는 요인추출이 필요하다. 그리고 지역사회에 있는 2차 산업도 최근에는 관광·리조트공간으로서의 활용 가능성이 높아지고 있기 때문에 이를 계획에 반영하는 것도 필요하다.

관광객의 관광·리조트 동향을 분석할 때에는 전국 및 계획대상지에 있어 관광활동 발생량과 입장객 수의 동향을 명확하게 분석하고, 이용형태 변화 등을 파악하여 관광객이 해당지역에서 요구하는 활동내용과 질, 현상 차이의 확인과 관광시책상의 구체적인 문제점을 정리해야 한다. 한편 관광자원의 시설이용 상황과 이용자 욕구를 정확히 파악하기 위하여 기존 시설 등에서 일상적으로 입장객 자료 등을 수집·정리하는 시스템 구축이 필요하며 유치권과 목표설정, 수용예측을 위한 기초정보로서 주변 관광지와의 경합·의존관계, 통과이용 실태 등의 파악도 필요하다.

관광계획 대상지역을 계획하는 데 있어 지리 및 교통조건, 자연조건(지형, 지질, 식생, 기상, 경관조건 등), 역사조건의 분석과 관광자원의 객관적 평가를 통하여 해당지역이 관광·리조트지로서 발전할 수 있는 가능성의 분석과 전국적인 관점에서 그 중요성을 정확하게 규정할 필요가 있다. 개별적인 관광자원에 대해서는 그 활용도 여부를 평가하고 그 이용부문인 관광관련 시설의 신규개발 및 재개발의 유무와 가능성, 분포상의 여부 등에 대해 충분히 검토할 필요가 있다. 특히 관광지로서의 객관적인 평가수법으로 전국단위에서의 공평한 평가기준을 참고하기도 하며 동일한 조건의 우수 관광지, 경합관광지를 비교하여 계획하는 방법도 있다.

### 2) 계획의 기본방향과 시설정비 계획

관광지 계획의 기본방향 설정을 하는 데 있어 먼저 사회동향, 관광리조트 동향 등을 면밀하게 분석하여 최종적으로 그 관광지가 지향하는 바와 기본적 이념이라 할 수 있는 목표를 명확하게 하는 것이 급선무라 할 수 있다. 말하자면 관광지인가, 리조트지인가의 유형선택(복수형도 있음), 사업방침 관리 등을 기본적으로 고려하여야 한다.

특히 관광지 계획의 기본방향인 목표가 설정되었다면 독특한 지역문화와 지역특유의 관광자원 등을 활용하는 데 있어 이미 지역적 이미지가 긍정적인 경우에는 그 이미지를 지속시키는 방법이 중요하다. 시설계획을 하는 데 있어 주제설정의 적정성을 확보하기 위하여 관광객 욕구를 중심으로 한 일반적인 붐을 조성하는 것도 중요하다.

이는 관광활동을 위한 시설배치를 실시하는 경우에 관광지역의 본질을 훼손할 우려가 있기 때문에 매우 주의할 필요가 있다. 말하자면 관광지역 주민과 관광객의 공감대를 형성할 수 있는 매력적인 시설이 필요하며 관광지의 시설 용량의 과부족 현상과 개발규모를 면밀히 검토하는 데 있어 수요예측이 상당히 중요하다.

시설정비 계획은 관광지역에서의 시설규모 설정의 하나로 수요예측을 고려하면서 해당 활동의 공간 등을 고려하여 산출하는 시설의 넓이를 의미한다. 이를 위해 전체적으로 관광지는 설정된 주제에 따라서 관광루터와 거점지구·거점시설의 구체적인 체계화와 토지이용의 골격 등에 대해서도 검토하고 계획대상지의 전체적인 이미지를 명확히 할 필요가 있다. 특히 자원용량(용지규모, 자연자원의 적정이용수준 등), 관리 및 운영 면에서의 적합성 등을 종합적으로 고찰하여 검토할 필요가 있다. 그 다음으로 시설구성 계획을 보면 배치하려는 관광활동의 주요 시설과 그것을 지원하는 관리 및 운영측의 시설 등 계획지의 시설구성에 대하여 검토할 필요가 있으며 시설내용으로는 목표와 등급 등을 기준으로 가능한 한 구체적으로 계획하는 것이 바람직하다. 서구 선진국의 발전모델을 사례로 관광시설을 지역별로 적합하도록 면밀하게 검토할 필요도 있다. 그리고 시설배치 계획에는 시설구성과 그 개발규모, 지역조건 등을 전제로 하여 배치계획을 작성하며 작업순서로는 초기활동, 구성시설 간의 이용상, 관리상의 상관관계를 명확히 하고 시설배치 계획을 중심으로 교통 및 노선계획, 서비스 계획을 동시에 추진한다. 관광시설의 이용적 관점에서는 기능성, 쾌적성, 자원이용 효율 등을 높이기 위한 배려도 필요하다.

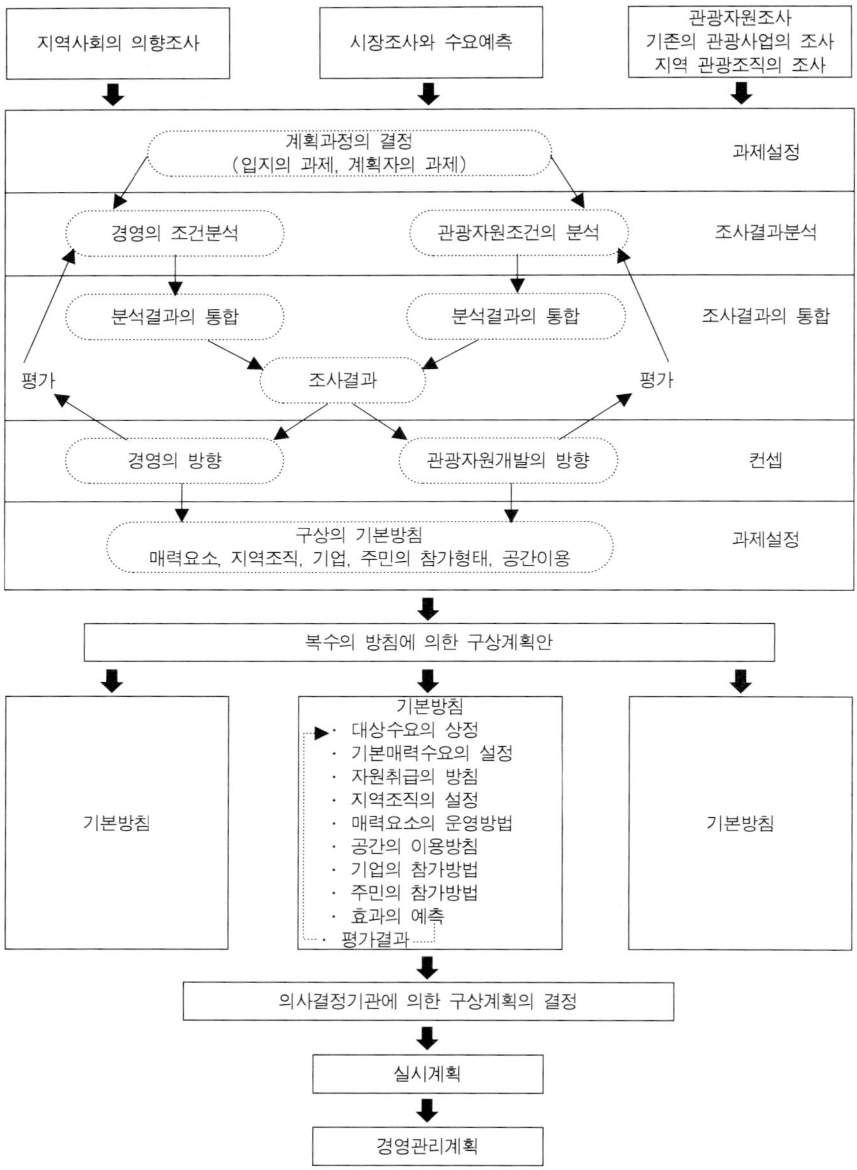


자료: 塩田正志·長谷政弘, 『観光学』, 同文舘, 1994, p.166.

<그림 3-2> 관광계획의 흐름도

| Chapter 4 |

# 지역진흥과 관광개발

## 1. 지역진흥의 의미

### 1) 지역진흥의 정의와 관광의 역할

지역진흥이란 생활하기 편리하고 쾌적하며 즐거움과 활력이 넘치는 마을을 만들기 위하여 지역의 자원, 기술, 인맥, 시장을 통하여 지역산업을 발전시키는 일, 젊은이를 지역에 정착시키기 위한 정책을 충실히 실행하는 일, 사람들의 자신감·꿈·긍지를 육성시키는 정책, 교통조건·문화·교육·의료시설 등의 기반정비를 하는 데 있다. 일반적으로 현재의 지역진흥은 주로 지역경제를 진흥시킨다는 관점에서 많이 사용되고 있다.

우리나라는 1990년대에 접어들어 지방자치시대와 지역의 자립경제에 관한 의식이 확산되면서 각 지역의 자립적인 경제기반 확립을 신중히 고려하는 시대를 맞이하였으며, 이는 지역진흥정책의 중요한 방향으로 '기업유치'와 '지역산업진흥'이 중심이 되는 시대를 의미한다. 이러한 정책적 방향은 지역경제 활성화를 목표로 젊은 층의 지역정착을 기대하고 있으며 주민들의 향토의식도 확산시키고 있다. 이를 위해 각 지역이 지방경제정책의 일환으로 도입하는 경우가 많아지고 있는데 이는 지역경제의 독자성을 각 지역이 중요하게 여기며 오랫동안 지역경제를 유지발전시키기 위한 전략이라 할 수 있다.

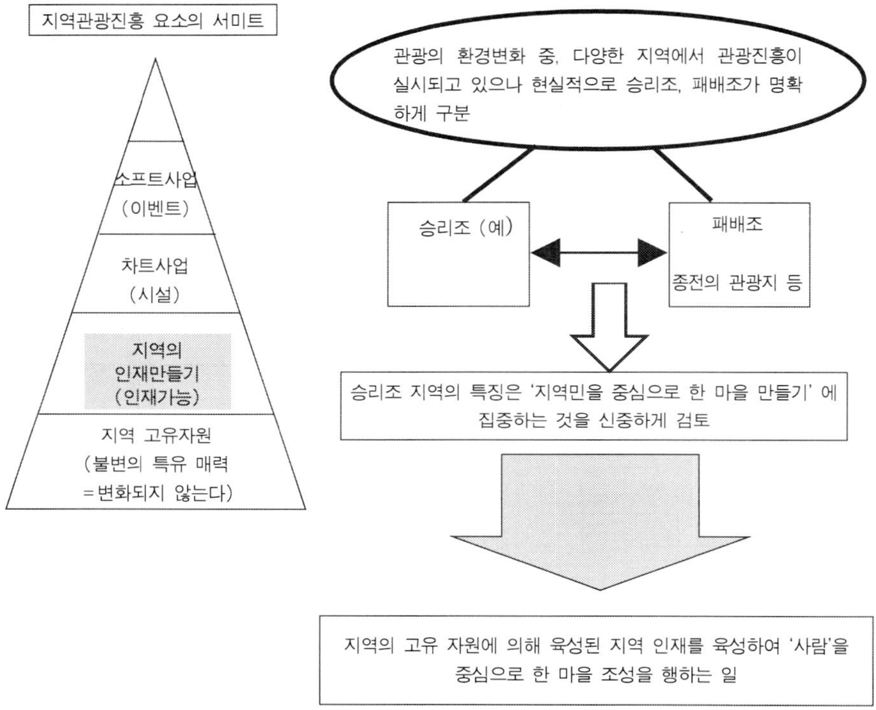


자료: 観光まちづくり研究会,『新たな観光まちづくりの挑戦』, ぎょうせい, 2002, p.71.

<그림 4-1> 지역의 관광진흥 방향

하지만 우리나라 국민들은 생활의 풍요와 더불어 지역진홍과 같은 경제적 진홍만을 간주하는 시대가 이미 현실성을 상실하고 있다. 이에 따라 새로운 시대적 상황을 반영하여 그 의미를 정립시킬 필요성이 있는데 이는 다음과 같다.

첫째, 경제진홍과 문화진홍을 균형있게 발전시킨다는 데 있다. 둘째, 지역주민이 스스로 지역발전과 조화에 주체적으로 참가하고 삶을 영위하는데 있다. 셋째, 새로운 지역발전의 성과가 어느 정도 성과를 올리고 자신감을 충족시키면서, 결과적으로 자신들의 지역에 대해 주민들이 자신감을 가지고 있다는 데 있다.

이러한 시대적 배경은 지역진홍이 지역경제 방향의 하나로 대두되고 있으며 관광을 통한 지역의 발전모델을 모색하려는 양상을 뚜렷하게 보이고 있다. 왜냐하면 주5일 근무제와 유급휴가제도의 보급이 확대되고 있는 현실적 상황에서 관광이 지역사회에 미치는 경제적, 문화적 영향력이 확대되고 있으며 관광이 문화와 경제진홍을 유도하는 산업으로 더욱 인정받고 있기 때문이다. 일반적으로 지역에 있어 관광진홍은 주로 비일상적인 체험을 요구하는 지역외부인에 대하여 지역의 다양한 생활공간을 제공할 뿐만 아니라, 지역주민에게는 일상적인 생활환경을 영위하게 되어 지역주민의 의욕을 증대시킨다. 일상적으로 지역주민이 관광객과 함께 접촉하고, 배우고, 즐기는 공통적 교류의식은 현대 여가시대의 중심적 내용이라 할 수 있으며, 앞으로의 지역진홍에 있어서도 중요하다.

### 2) 지역진흥수단으로서의 관광과 경영주체

지역사회에는 역사와 문화가 내포된 경관이 있으며 전통적 지역문화의 보존과 활용에 대한 움직임은 지역조성에 박차를 가하게 된다. 이는 그 지역만이 가지고 있는 고유한 자원이라 할 수 있는 문화를 비롯하여 산업이 관광을 통해 새로이 재창조되고 있으며 지역이미지를 상승시키는 결과를 초래한다. 말하자면 지역의 종합적인 진흥에 있어 경제적 효율이 높은 '관광개발', 집객률이 높은 '이벤트' 개최가 상당히 중시되고 있으며 경제적으로 뚜렷한 파급효과도 보이고 있다. 이는 관광이 지역진흥에 있어 중요하다고 할 수 있으나 관광지 본래의 매력을 유지하기 위하여 관광으로 특화된 지역으로 발전되어 그 지역만이 가지고 있는 독특한 생활을 소실하지 않으며 그 생활의 창구로서 관광이 존재한다는 데 있다. 또한 관광산업이 성립되면 그 지역에 경제적 효과를 초래한다는 점에서 경제적인 문제를 가지고 있는 농촌지역 중에서 과소지역의 경우, 그에 대한 기대는 더욱 크다고 할 수 있다. 이처럼 관광진흥은 지역주민들에게 생동감 있는 생활을 보장하며 지역진흥 수단으로서의 관광은 산업진흥만이 아니라 지역 내 사회교육, 지역조성, 타문화정보의 교환 등을 통해 비약적으로 발전하고 있으며 그 중요성은 더욱 증대되고 있다.

이러한 관점에서 관광지 조성은 지역경영적 의식, 그것을 담당하는 주체형성이 특히 중요하며 지역을 경영하는 데는 지역주민이 직접 참여하는 것이 바람직하다. 하지만 특정한 인재를 발견할 수 없는 경우는 행정가가 지역경영 주체의 중심이 되어 인재를 육성 및 발굴하고 지역경영 주체를 형성할 필요가 있다. 이는 지역진흥을 하는 데 있어 필요조건으로 지역경영 주체의 확고한 확립이 매우 중요한 요소라는데 있다.

## 2. 지역산업의 관광활용

### 1) 지역산업의 의의와 성격

지역산업(native industry)은 지역성과 특수성을 기본으로 하는 산업으로 일반적으로 '산업(생산·가공·소비사업체의 총칭)'이라는 개념으로 이해되기도 한다. 이는 지역에서도 특수성을 가진 산업으로 해석되는 경우가 많으며 '지역에 있어서 지역자본을 중심으로 중소기업이 집적하고 노동력과 기술, 원재료 등 지역 내 경영자원을 이용하여 생산·가공·판매활동에 대응하는 산업'이라고 말할 수 있다. 말하자면 지역산업은 중소기업의 특수한 지역존립 형태를 지칭하며 특히 지역의 제조건과 밀접하게 연관되어 있기 때문에 관광과 경제를 내포하고 있다.

지역적 특수성을 가진 지역산업의 성격은 지역 내에서 생산되는 산물 등을 주원료로 하며 산지형성이 일정 지역에 집합하고 있고 지역자금이 기본이 되고 있다. 또한 자본과 노동력, 기술 등 지역성이 풍부한 것을 활용하고 있으며 원재료의 경우는 다른 지역으로부터 유입되기도 하며 이들을 지역에서 가공하여 제품판로를 지역내외의 수요로 전개시키는 일이다. 이처럼 지역산업이 필요한 이유는 산간오지와 농촌지역과 같이 지방인구의 감소경향이 해마다 현저하게 나타나고 있으며 과소현상도 지역에 따라 심각한 문제가 되고 있는 곳에 필요하다. 왜냐하면 젊은 노동력 확보와 고령자 대책이 되고 있으며 지역행정으로서는 지역적 문제해결의 커다란 주제이기 때문이다. 지역이 가진 오랜 전통과 지역 고유의 산업형태로 구성된 지역산업은 관광산업으로서의 중요성도 충분히 가지고 있는데 특히 특산물이라 불리는 '토산품', '향토요리'라는 형태를 통한 지역만들기에 일익을 담당하고 있다. 지역조성의 내용들은 상당히 관광적 특성을 가지고 있으며 지역산업의 내부로부터 자연발생적으로 육성된 특수한 산업이며 지방색이 짙은 산업이기 때문에 질, 내용, 형태와 같은 독자성이 풍부하다고 할 수 있다. 또한 지역산업은 그 자체가 독자성, 신기성, 희소성을 가지고 있기 때문에 관광적 요소를 충분히 가지고 있다고 할 수 있다.

이와 같이 지역산업이 가지는 중요한 것은 재정을 통하여 지역간 격차를 축소시킨다는 견해가 있으며 지역에의 소득이전을 실시함으로써 지역산업의 가치를 높일 수 있다. 그리고 공장의 분산을 도모하기도 하며 자립적인 산업화 추진을 통하여 지역경제의 확립을 할 수 있기 때문에 더욱 지역산업에 대한 가치관이 확대되기도 한다. 말하자면 지역산업 진흥을 한다는 것은 지역경제 발전과도 상당히 관련성이 있으며 이는 지역 내부에서의 취업기회가 증대되고 기술과 노하우가 지역 내부에 축적되기도 하며 지역경제에도 영향을 미친다고 할 수 있다. 경제적 효과와 더불어 지역문화 향상을 도모할 수 있으며 지역산업의 양적 확대를 가져오는 것만이 아니라 풍부한 질적 요구도 기대되며 지역산업을 전개하는데 있어서의 문제점은 ①원재료가격의 상승과 불안정, 구입곤란 등, ②종업원 대책으로서 인건비 상승, 고령화, 후계자 부족 등, ③경영체질 약체로 수익률이 배가되던지, 또는 악화되는 점 등, ④설비의 노후화와 토지상승에 따른 설비확대가 어려운 점, ⑤수익금에 대해서는 대금회수의 장기화와 불가능한 분에 대한 미약한 대응, ⑥시장에 있어서는 정보부족과 업종의 폐쇄적인 경향 등, ⑦장래성에 대해서 기대도를 저하시키는 사람과 무관심한 사람이 많다는 점을 들 수 있다.

### 2) 지역산업의 관광활용 방법

관광객은 이동과 타 지역에서의 소비를 동반한 여가활동을 한다는 점에서 관광대상이 되는 지역산업은 특산물을 중심으로 그 활용방법이 고려된다. 예를 들면 우리나라 경북북부지방 또는 강원도지방의 가을특산품 송이버섯은 그 지방의 농산물이 관광대상이 되는 경우이다. 지역산업의 생산품이 관광의 견학대상이 되며 구매대상이 되고 또한 관광경관 구성요소로 중요한 관광자원이라 할 수 있다. 이처럼 지역산업은 체험농장, 체험어장 등과 같이 체험관광의 대상이 되기도 하는 데 각 지방의 명품인 포도, 배, 사과, 참외 등의 농장을 방문하여 직접 수확 및 구매하는 등 지역특산품이 체험관광의 대상이 되기도 한다. 말하자면 1차 산업은 본래 생산물의 재배, 수확, 판매라는 농업 본연의 활동을 하고 있으나 관광적 활동을 통하여 새로운 가치를 생산한다는 데 있다.

산업관광적 측면에서 볼 때, 1차 산업보다는 2차 산업이 많은 관광적 소재를 가지고 있으나 생산현장에 관광객이 입장하여 관광활동을 하는 경우에 생산능률의 저하가 염려되며 또한 한편으로 안내, 해설을 위한 충분한 노동력, 여유시설 정비가 필요할 수 있다. 무엇보다 산업관광의 경우 생산노하우가 누출될 위험이 있으나 제일 좋은 PR기회라는 인식도 있는데 예를 들면 각지의 맥주공장, 와인공장 등을 방문함으로써 직접 생산현장을 경험하며 시음도 하고 선물을 주기도 하기 때문에 인기가 높은 관광대상이 되기도 한다.

특히 지역산업이 집중되어 있는 곳은 적극적으로 관광사업을 추진하기 위하여 관광시설 만들기를 하기도 하는데 지역산품이 집중된 자료관 등에는 도자기, 직물 등과 같이 지역에 집중된 산지가 대다수를 차지하고 공예품 매장, 음식시설 이외에 연수시설과 좋은 숙박시설을 겸업으로 활용하는 훌륭한 관광시설이기도 하다. 지역산업이 만들어 내는 관광지의 경관요소의 활용은 관광이미지 상승에 많은 공헌을 하는데 우리나라 가을의 정서인 곶감의 경우는 농촌의 겨울 풍경을 전해주는 풍물시이기도 하며 토산품의 원재료로서 이용되기도 한다. 이처럼 지역산업의 경관적 특수성은 그 지역의 여러 관광 자원과도 연계한 관광지로서의 역할이 기대되기 때문에 독특한 경관과 연관된 관광지에서의 중요한 관광자원이라 할 수 있다.

<표 4-1> 지역산업의 관광대상화 가능성

| 지역산업 / 관광객 행동 | 농산물 | 섬유 | 안경 | 칠기 | 한지 | 도자기 |
|---|---|---|---|---|---|---|
| 제품구매 | ○ | △ | △ | ○ | ○ | ○ |
| 제품견학 | △ | ○ | △ | ○ | ○ | ○ |
| 생산 공정 및 역사학습 | × | ○ | ○ | ○ | ○ | ○ |
| 생산체험 | × | × | × | × | ○ | ○ |

※. ○: 가능성 높음, △: 보통, ×: 가능성 희박

### 3) 지역산업의 관광활용시 효과

지역산업의 진흥은 일반적으로 해당 지역의 경제기반을 중심으로 한 산업진흥이 중심이며 그 중에서도 관광진흥이 대다수 지역에서 성행하고 있다. 그 이유로서 교류하는 사람을 중심으로 하는 관광진흥은 그것에 대한 가능성을 높이고 있으며 다른 산업진흥과 비교할 때, 관광객 소비에 의해서 다양한 산업에 기여하고 경제적 효과, 지역 PR효과, 지역산업의 개량 및 발전효과가 크게 작용하기도 한다. 관광대상물로 활용할 때의 효과는 우선 경제적 효과를 들 수 있다. 경제적 효과로는 직접 수요 확대를 들 수 있는데 토산품 또는 숙박산업에 지역의 원재료를 제공함으로써 지역산업의 수요가 확대되고 그것이 지역경제에 순차적으로 파급되는데 이는 지역 내 구매력 향

상 등과도 연관성이 있다. 그리고 고용확대효과를 가져오는데 직접 수요 확대 또는 생산확대와 연관되어 그것에 의한 고용수요가 발생하게 되어 지역내 고용확대의 이점을 가져온다.

둘째, 지역산업을 통해 지역PR의 효과를 가져 오는데 토산품이 유명해지면 지역지명도는 상승되고 이것이 관광목적이 될 때 한층 효과가 증폭하게 된다. 그리고 지역산업은 지역의 이미지를 높이고 확대하기도 하는 효과가 있는데 그 예로 '섬유패션도시 대구'라고 하면 유행의 첨단이라는 도시이미지를 부각시킬 수 있다. 특히 지역산업에 의해서 지역이미지가 인상 깊게 되면 지역지명도가 상승되어 그 곳에 사는 사람, 그 지역 출신자 등의 향토의식을 양성하게 되므로 지역산업의 PR효과는 크다고 할 수 있다.

셋째, 지역산업의 개량, 발전 효과를 초래한다는 점이다. 지역산업을 관광으로 활용하게 되면 관광객인 지역 외부사람들의 이야기를 듣게 되고 자연스럽게 의견을 교환하게 되어 자신이 거주하는 곳의 지역산업 문제점과 가치를 재인식하고 이를 개량하려는 의욕을 가져온다. 무엇보다 이러한 것을 강구하여 새로운 발상을 부가하여 지역산업을 향상시키게 되지만 품질을 불문하고 저가격과 능력에 맞지 않는 대량생산, 무원칙적인 현대화 등의 요구는 지역산업의 기본적 특질과 상반되는 경우가 많다.

## 3. 관광개발의 지역진흥과 파급효과

### 1) 관광에 의한 지역진흥책

① 관광에 의한 지역진흥책

관광을 통한 지역진흥 정책은 관광객의 관광목적지로의 이동을 통하여 동 지역에서의 숙박, 음식, 레크리에이션 활동, 견학 등을 구입하게 되어 관광소비를 촉진하는 메카니즘이 중시되고 있다. 예를 들면 지역의 산물을 활용한 좋은 토산품을 개발하는 것이 중요한데 토산품은 금전을 많이 들이지 않고서도 여행자들이 여행의 증거물로 선물하기를 좋아하는 점을 고려하여 독특한 특산품의 개발이 필요하다. 이는 궁극적으로 지역산업을 육성하고 활용하게 되어 특산품을 토산품으로 판매하는 일만이 아니라 시설견학과 체험관광의 장소로도 이용되며 지역에 있는 유명한 음식을 창조하고 그 지역만이 지니고 있는 특수한 음식을 제공하기도 한다. 특히 지역진흥책으로서의 관광소비가 가진 간접적인 경제효과의 증대책은 우선 개발이익을 지역에 환원시키기 위하여 가능한 한 지역기업에 의한 개발운영을 추진하여야 하며 외부기업이 참가하는 경우에도 반드시 현지 법인화를 우선시 하여야 한다. 또한 고용의 경우는 가능한 한 지역에서 조달하고 관광소비재를 지역내에서 가능하게 조달하는 시스템을 확립하는 일로 유통기관 개선, 지역산업육성 확충, 원재료의 일괄적인 구입, 계약재배 등 운영시스템의 궁리와 개선을 중시할 필요가 있다.

무엇보다 관광을 통해 지역진흥을 성공시키기 위해서는 몇 가지의 전제조건이 필요한데 이를 제시하면 다음과 같다. 첫째, 리더의 존재이다. 관광진흥의 주체가 어떠한가의 여부와 관계없이 훌륭한 지역리더가 존재한다는 것은 중요하다. 리더의 조건에는 지역에 대한 자긍심과 열정을 가지고 미래에 대한 전망을 가지고 있으며 탁월한 창조력과 과감한 행동력을 겸하여 매우 존경받는 사람이라 할 수 있다. 둘째, 지역주민의 이해와 협력이 필요하다. 관광진흥을 하는 데는 지역주민이 무엇을 할 것인가, 어떠한 이익을 얻을 것인가 등을 잘 설명하고 이해와 협력을 요구하는 것이 전제조건이 된다. 행정주도형의 경우에는 지역주민이 일체가 되어 행하던지, 지역주민이 활동하지 않으면 성공은 어렵다고 할 수 있다. 셋째, 지역자원의 발견과 활용이다. 관광진흥은 해당지역의 자연, 생활, 역사, 문화, 산업 등의 특유한 자원을 발견하고 활용하는 것이 중요하다. 특히 이들의 자원에다가 새로운 부가가치를 부여하기도 하며 자원을 새로운 시점에서 보기도 하고 또한 자원의 사용처를 변경하기도 하는 등, 참신한 발상으로 지역자원을 활용하는 것이 요구되어 지고 있다. 넷째, 아이디어의 수집이 필요하다. 대다수 지역은 성공사례와 선진지 사례에 근거를 두고 있기 때문에 말하자면 황금빛 관광진흥에 관심을 가지고 있다. 그러나 지역진흥은 아이디어가 승부이며 지역주민만이 아니라 널리 일반에게도 아이디어를 모집하기도 하여 창조적인 아이디어 개발방법을 활용하기도 하는 등, 아이디어 수집이 요구되어 지고 있다. 다섯째, 오락성 요소의 중시에 있다. 훌륭한 관광시설이 건설된다고 할 지라도 관광객이 그다지 방문하지 않아서 곤란한 지역이 있다. 말하자면 즐거움, 재미, 유흥심이 있는 곳이 아니라는 점이다. 그래서 관광진흥을 통하여 관광객의 유치에 있어 오락성은 중요한 요소라 할 수 있다. 여섯째, 호스피탈리티 제공에 있다. 관광 비즈니스을 원하는 사람은 지역주민이나 관광객에 대하여 자신의 집에 손님을 받아들이는 것과 같은 기분으로 접하기도 하는 호스피탈리티를 제공하는 것이 중요하다. 그렇게 되면 관광객은 해당관광지를 방문하여 정말 좋았다는 기분이 들게 되며 심적으로 만족하게 된다는 것이다.

② 관광진흥의 형태

관광진흥이란 지역의 특성과 역사, 문화, 관광객 욕구 등을 종합적으로 판단하고 해당지역만이 가진 독특한 이벤트, 축제, 향토요리, 토산품 등을 통한 관광진흥을 촉진하는 일들이라 할 수 있다. 이러한 관광진흥의 일반적인 형태로 이벤트를 개최하게 되는데 이는 일과성 또는 주기적으로 개최되는 행사라 할 수 있으며 다른 지역의 이벤트와 차별화하여 좋은 지역적 이미지를 만들기 위해서 관광객과 공감대를 형성할 수 있는 것을 선택하게 된다. 현대적 의미의 관광이벤트는 지역진흥을 주요목적으로 각 지역의 특수성을 고려하여 여러 가지 대책을 강구하고 있으며 그 주요한 내용으로 지역적 특색을 가진 문화, 산업, 역사, 예술, 종교 등을 배경으로 다양한 이벤트를 기획하는데 있다. 원래 지역과 밀착된 것으로 '축제' 등이 있으나 이는 지방문화로 육성하기 위하여 행사의 경제성을 고려하여 현대인들이 선호하는 형으로 조화시킨 것이라 할 수 있다. 이의 종류와 형태도 다양하여 국제적인 것으로 국제회의, 국제박람회, 국제경기대회 등이 있으며 지역적인 것으로 축제, 예능대회, 산업제 등과 같이 그 규모(기간과 대상범위, 경비 등)에 의해서 더욱 개성화, 특성화되고 있다.

이처럼 관광이벤트를 개최하는 목적은 어떻게 하면 관객을 모을 것인지에 관심이 있으며 이 중 관광적인 색채가 가미된 것을 관광이벤트라 하는데 지역활성화를 위한 이벤트의 역할은 단지 지역내에 관광객을 모으는 일만이 아니라 다양한 파급효과를 초래하기 때문에 중요하며 지역문화 발굴과 보호사상, 지역산업 육성과 개발, 주민화합 만들기와 생활향상, 향토의식 증대 등을 통한 이벤트의 효과를 통해 지역이미지를 상승시키게 된다. 이러한 이벤트의 효과는 관광지에 있어서 다양한 소비지출을 유도하며 지역의 관계업자에게 직접적으로 영향을 미치며 지역주민에게도 확대되어 경제적 파급효과를 보이게 되는데 관광객이 '토산품' 구입과 '향토요리' 등을 먹게 되어 향토민예품과 특산물 등이 재검토되고 전통예술과 지역특유산업 등의 진흥과 더불어 지역의 종합진흥과도 연관된다. 또한 관광객이 지역상점가에서 소비활동을 하게 되어 마을 만들기에 활기를 띄게 되며 종합적인 물류활성화와 관련성이 깊다. 특히 관광이벤트는 관광객이 적은 비수기에 관광유치에 주요한 역할을 하게 되는데 연중을 통해서 발생하는 관광객 불규칙적인 증감을 해소할 수 있는 계기를 마련하고 관광을 통한 지역의 전체적인 협력이 생성되어 지역의 공공단체와 관련기업과의 연계성, 지역주민과의 관련성 등을 통해서 주민생활이 발전하는 계기도 된다.

축제와 관련된 관광활동은 축제라는 이벤트가 오랜 기간 동안 신에 대한 행사를 중심으로 하고 있으나 산업화에 성공한 우리나라는 국민들의 물질적인 풍요로움이 진행됨에 따라서 생활빈곤으로부터 해방되어 과거 빈곤탈피에 대한 축제행사는 점차 축소되고 있다. 최근의 축제는 가수 등과 같은 연예인을 불러서 하는 축제가 많이 보이는데 이들과 함께 즐기는 유형이 축제의 하나로 발전되고 있다. 특히 축제의 성격이 다양화되고 지역진흥에 많은 요소가 되고 있으며 '관광축제'로서 이벤트성을 가진 것이 등장하기도 한다. 이러한 축제의 효과는 다양한데 축제를 통하여 향토문화 인식을 새로이 하는 계기가 되고 주민상호이해가 형성되는 커뮤니티문화를 육성하며, 지역상점가의 경제성 육성과 심신의 건강증진에도 도움이 되고 훌륭한 인간성 육성으로도 이어 진다. 또한 향토문화와 산업의 새로운 발굴이 추진되고 공공적 시설 정비 촉진의 계기를 마련하며 젊은이의 향토정착을 유발시키고, 주민의 평화적인 교류를 위한 방향성이 육성된다.

무엇보다 지역에서 손쉽게 접할 수 있는 향토의 재료를 원료로 하여 만드는 향토요리는 주민들에게 오랜 기간 동안 널리 친숙해진 것으로 지방에서 육성된 향토요리를 관광객이 시식함으로서 지방문화의 하나를 이해할 수 있는 장점이 있다. 관광객 정서는 지방명소와 경승지를 중심으로 문화 및 역사와 관심이 증대되고 지방색짙은 연출을 하는데 있어 향토요리는 식문화의 최고정점이라 할 수 있으며 여정을 표출하기도 한다. 그리고 지역주민에게서 향토요리는 자신들의 향토색을 반영하는 것으로 향토생활의 결집이기도 하며 또는 살아있는 향토예술의 걸작품으로 이해하려는 자세를 통해 향토애가 육성되기도 한다. 주민의 향토애로부터 생성된 지방문화는 지역활성화에 다양하고 적극적인 에너지로 발전해 가게 되며 이는 향토요리의 맛, 색깔, 향기로도 특성화된다.

또한 관광목적지는 관광객이 방문하는 곳의 정서를 반영하며 지역진흥에도 이바지하는 것으로 토산품이 있다. 토산품은 여행내용과 형태를 불문하고 여행시 그것을 구입하게 되는 가장 큰 이유는 '관광과 토산품'이라는 일체적인 고리관계가 형성되어 있기 때문이다. 관광객이 여행지에서 구입하게 되는 물품은 증정품이기 때문에 고급품, 고가품만이 있는 것이 아니라 과잉포장, 과대표시 등이 토산품을 고급품으로 바뀌게 하여 나쁜 이미지를 만드는 요인이 되고 있다. 토산품에는 양, 형태, 선도, 그리고 섬세도 등 '토산품'으로 구입하여 이동시키는데 '무겁다', '크다', '깨지기 쉽다', '부패하기 쉽다' 등의 마이너스가 있기 때문에 구입의욕에 영향을 미치는 부문이기도 하다. 토산품업계의 기본적인 과제로는 현대의 자동차사회에 따른 토산품의 새로운 방향모색이 중요시된다는 점이다. 토산품의 문제점으로는 총체적인 내용을 들 수 있는데 첫째, 계절에 대응한 상품으로 계절마다 형태와 색채를 변화시키고 신선한 이미지를 발생시키는 것이 중요하며 여름의 부패대책, 겨울철의 건조방지 대책 등에의 배려도 필요하다. 둘째, 자가용 관광이 많기 때문에 자동차로 이동할 수 있는 크기, 흔들림에 견딜 수 있는 상품이 요구된다. 셋째, 연령별, 성별 등으로 조합할 수 있는 노력이 필요하고 구입자들이 희망목적의 다양화를 도모하여 상품의 기능화를 증진시킬 필요성이 있다. 다음으로 토산품에 대한 업자측의 문제점으로는 상품납입 가격을 어떻게 인하할 것인가, 상품사이클을 단축시키는데 있어 어떻게 하면 좋은가, 유사한 상품과의 경합과 공존은 어떻게 대응하면 좋은가, 비수기를 어떻게 해결할 것인가, 유통경로 단축화를 도모하고 시간과 소비

절약을 목표로 어떻게 대응하면 좋은가를 고려하여야 한다는 점이다.

### 2) 관광지에 있어 지역파급효과

① 기존 관광지에 있어서 지역파급효과

관광지의 주요 지역파급효과로 우선 경제적 파급효과를 제시할 수 있다. 기존 관광지 대부분은 온천, 경승지와 같은 자연계·인문계의 자원으로 구별되는 관광자원을 보유하고 있으며 그 관광자원에 사람들이 집중하게 되어 자연발생적으로 관광지로 발전된다. 이러한 관광자원을 중심으로 기존 관광지는 관광에 의한 지역파급효과로 경제적 효과를 들 수 있는데 숙박업, 음식업, 토산품 산업 등 관광산업진흥과 고용창출의 장소가 되기도 한다. 말하자면 관광산업진흥을 통하여 관련산업 진흥에 사람들이 모이게 되고 지역상점의 활성화, 세금수익 증가를 가져오며 지역행정기관에도 기여하고, 인프라정비 유발 등이 추진된다. 한편 사회·문화적 효과로 타문화와의 교류를 들 수 있는데 관광을 위해서 방문하는 사람과 지역주민들이 서로 친분을 나누게 되어 문화적 자극과 같은 만남의 효과를 만들고 토산품에 대한 인식을 재고려하게 되어 지역산업이 재발견되기도 한다. 관광객을 대상으로 전통공예 부활, 전통예능의 보존, 지역에 전승된 수공업제품을 관광객에게 제공하는 등 새로운 생활의 창출효과를 만들어 낸다. 무엇보다 경제적, 사회·문화적 긍정적인 효과만이 아니라 마이너스효과도 간과할 수 없다. 우선 관광개발이 대형화하고 대중관광화됨에 따라서 사람이 모이게 되어 환경파괴와 같은 지역 환경 파괴 문제가 발생하며 관광객에게 의한 것만이 아니라 관광업자 자신이 경승지의 대형개발을 하게 되어 경관파괴와 자연파괴와 같은 현상도 많은 문제점으로 지적되고 있다. 그리고 지역자원 손상에 관한 것으로 자연과 경관, 역사적 거리 등은 관광자원만이 아니라 지역의 생활·문화자원 이라는 관점의 인식이 필요하다. 단체관광과 관광객수가 증가하면 지역적 관리가 어렵게 되며 문화재 파괴와 같은 지역자원 손상의 정도가 높아지고 지역사회의 변질과 같은 문제점을 초래하게 된다. 이는 지역을 방문하는 관광객수가 적정량을 초과하게 되어 타문화 교류 등과 같은 관광의 사회·문화적 효과는 감소하고 총체적으로 플러스에서 마이너스로 전환하게 된다는 것을 의미하는데 최근 리조트지역에서 콘도미니엄 등의 증가로 인해 상하수도 이용문제가 심각하게 나타나고 풍속의 문란과 지역 커뮤니케이션의 혼란 등과 같은 폐해를 유발시킨다.

이러한 문제점을 해결하기 위한 대책으로 우선 관광의 기존현황을 재검검하고 장점과 단점의 인식을 통하여 지역비젼을 명확하게 하며 무계획적인 관광개발은 하지 않으며 대중관광객을 수용하지 않는 것이 바람직하다. 아울러 관광지향의 변화 등을 고려하고 자신의 지역에 적합한 관광스타일과 관광지 조성이 필요하며 관광만의 분야를 고집하지 말고 타 분야, 타 산업과의 네트워크화를 통하여 현재의 관광자원을 다양하게 활용하면서 새로운 관광적 요소를 도입하는 것이 필요할 것이다.

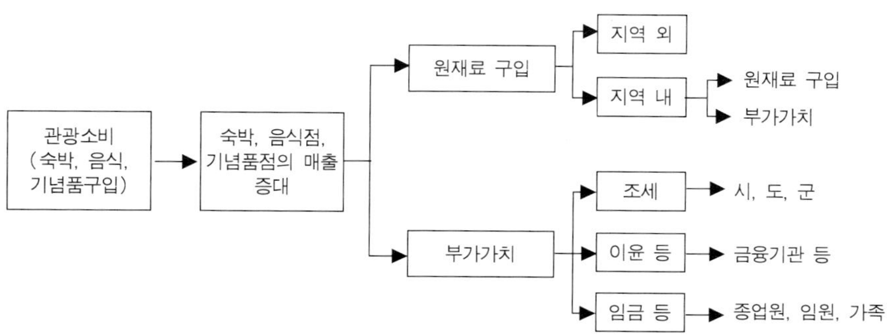


<그림 4-2> 관광소비의 파급효과 구조

② 새로운 관광지에 있어서의 지역파급효과

새로운 관광지에 있어서의 지역 파급효과로 우선 경제적 효과를 들 수 있다. 지역내발적 신흥관광지는 기존관광지와 유사한 관광산업진흥 또는 관련산업 진흥을 하게 되며 지역내발적 신흥관광지는 지역산업과 같은 자원을 활용하는 경우가 많기 때문에 관광지화와 지역산업진흥이 동시에 추진되는 경향이 강하다. 또한 관련산업 등의 진흥을 추진하는 경우가 많기 때문에 지역상점가가 활성화되며 고용의 장소가 창출되고 결과적으로 지역재정에의 공헌, 인프라시설 정비의 확충, 기업유치의 가능성 등이 높아진다. 이러한 흐름은 지역자원과 상황에 따라서 달라질 수 있다. 그리고 사회·문화적 효과를 들 수 있는데 지역내발적 신흥관광지의 경우는 지역주민들에 의한 실질적인 활동여부에 따라서 경제적 효과를 창출할 수 있는 사업이 가능하며 기존 관광지에서도 볼 수 있는 파급효과인 타문화교류의 기회를 창출하고 생활효과 외에도 종전에 손을 될 수 없는 자연지, 산림 등에 대한 이용대상인 안전관리효과 등도 기대할 수 있다. 또한 그 지역주민은 자신의 지역에 대한 자신감을 가지고 거주하는 사람이 증가하기 때문에 지역진흥을 위해서 실질적으로 중요한 요소라 할 수 있다.

새로운 관광지에 있어서의 지역 파급효과가 가져오는 마이너스 효과로는 우선 새로운 관광자원을 창출하는데 있어서 발생하는 어려움과 심신 및 금전적인 부담과 연관성이 높다. 기본적으로 지역에 있어서 신규사업의 창출이 발생한다고 할지라도 성과를 올리기가 쉽지 않다는 것을 누구나 알고 있기 때문에 즐기면서 지역주민의 입장에서 볼때 생활의 윤택함을 얻을 수 있는 활동을 장기적으로 지속할 필요가 있다. 아울러 새로운 관광지를 개발함으로써 발생하는 개발공해도 주요한 문제를 외부 대형기업에 의한 관광·리조트개발은 환경파괴의 심볼로서 나쁜 이미지를 가지고 있으나 외국의 경우는 관광지에 있어서 외부기업이 개발한 리조트지의 호텔과 콘도미니엄 등이 관광지의 매력을 창출하는 역할을 하는 곳도 많다. 우리나라의 경우는 외부기업에 의한 지역참가에의 자세와 방법에 관한 문제가 있는데 무엇보다 지역사회의 비전과 수용력 등이 적정한가의 여부가 중요시되고 있으며 소규모의 지역사회에서 대형개발을 수용하는 경우, 이러한 문제가 발생하기 쉽기 때문에 지역측이 주도권을 가지고 스스로 비전을 제시하면서 리더할 필요가 있다. 새로운 관광지의 지역파급효과의 마이너스 효과 문제점에 대한 대책 또는 과제로는 지역조성과 연관된 관광지 조성을 도모하는 일로 지역조성, 관광지 조성에의 지역주민 참가를 재촉하고 지역경영을 고려하여 운영하는 주체적인 조직을 육성하는 일이다. 또한 지역적 비전계획을 명확히 하여 시대적 조류를 알고 넓은 시야에서 스스로에게 적합한 관광지 조성, 적정한 관광의 방향을 만들어야 한다.

## 4. 관광개발 수법과 운영 주체

### 1) 관광개발 프로세스

① 개발계획 평가

관광개발 계획을 평가하는 데는 3가지의 평가기준이 있다. 첫째, 미니막스 기준은 예상되는 마이너스 효과를 최소화할 수 있는 계획안을 선택하는 데 있으며, 둘째, 풀피츠 기준은 계획안이 가지고 있는 플러스측면과 마이너스측면을 적당한 비율로 가중평균하여 그 가치를 기준으로 하여 선택을 하는 것이며, 셋째, 미니멈 리그레트 기준은 기대할 수 있는 이익과 실제이익 차이를 최소로 하여 대체안을 선택한다는 견해로 구체적으로는 각 평가척도의 예측치 폭이 적은 대체안을 선택하는 일이다. 이러한 평가기준 중, 자연환경의 변화에 따라 일상적인 안전측면의 필요가 있는 관광개발로 미니막스 또는 미니멈 리그레트 기준에 의한 계획을 평가하고 선택하는 것이 필요하다는 것이다.

② 개발계획 승인

개발계획의 승인에 있어 지방자치체의 개발계획 승인대상으로 해당 지자체 의회와 관계행정기관을 비롯하여 지역주민, 보호단체(자연과 문화재 등 보호단체)등이 있다. 특히 지역주민과의 관계에서는 토지소유자, 농림수산업관계자, 숙박업과 상점관계자, 지역제조업관계자와 같은 구성원들이 있으며 그들의 조합, 기업, 기타 일반주민도 포함된 개발계획의 승인을 얻을 필요가 있다. 관계행정기관 승인은 법률적으로 규정된 수속절차에 의해서 처리되지만 지역주민과 보호단체 승인이 원활하게 처리되지 않는 경우가 있다. 일반적으로 승인을 요구하는 대상은 용지취득과 연관된 일로 지역주민이 중심이지만 관광개발이 지역에 미치는 효과와 영향은 개발규모와 개발내용에 따라 다양하기 때문에 승인대상범위도 넓다고 할 수 있다. 그리고 지역주민 대표인 의회의 활동을 들 수 있는데 의회승인만으로도 충분한 경우가 많으나 개발에 대해서는 주민이해와 지지가 요구되기 때문에 공청회, 설명회, 계획공고·홍보, 사례견학 등 다양한 방법을 통하여 주민의견을 청취하고 그에 대응한 신중한 자세를 필요로 하고 있다.

주민의 개인생활, 커뮤니케이션과 관련된 관광개발은 계획단계에서 특히 주민과의 대화를 중요하게 고려하여야 한다. 개발에 대한 지역주민 이해의 폭을 심화시키려는 하나의 효과적인 대화방법으로 개발 필요성에서부터 그 개발내용에 이르기 까지 주민들이 자유로이 발언·토론하는 워크숍과 그 개발 문제를 주제로 한 심포지움 등을 개최하면 더욱 그 효과를 증진시킬 수 있다. 그리고 건설과 정비부문에 대한 직접적인 개발에는 일반적으로 개발내용 중에서 수요동향과 시장의 성숙도 등에 따라서 개발의 실시시기가 지연될 수도 있다. 처음부터 자금부담이 많으며 장래에 그 영향이 지속적으로 존재하는 시설정비부문은 그 규모의 축소와 단계적인 확장의 검토를 신중히 할 필요가 있으며 특히 개발계획단계에서 용지를 충분히 확보하고 있지 않은 경우는 사전에 적합한 용지규모로 전체를 축소하거나 일부의 시설정비를 차후에 만들도록 유도할 필요가 있다.

관리와 운영부문에 있어서 공공부문사업으로 추진하는 경우가 있는데 관리·운영이 경직되기 쉽기 때문에 상황변화에 임기응변적으로 대응할 수 있도록 조치할 필요가 있다. 이를 위해서는 전문가와 지역주민으로 구성된 협의회, 심의회와 같은 조직과 사용자의 앙케이트 등에 의한 객관적 평가내용을 관리·운영에 적극적으로 반영할 필요가 있으나 현장담당자의 자질과 관리·운영체제에 문제가 발생하는 경우가 허다하다. 그래서 현장담당자는 항상 사용자의 입장에서 행동할 것을 요구하는데 이를 체크할 수 있는 현장책임자의 존재가 중요한 포인트가 된다. 일반적인 상황변화에 대응할 수 있으며 적절히 운영되기 위해서는 시설관리, 기획, 인사 등에 대해 현장책임자가 상당히 자주적인 재량권을 가지고 활동할 수 있도록 예산상의 뒷받침을 명확히 할 수 있는 체제가 구축되어 있어야 한다. 한편 개발계획의 수정은 시설과 정비 단계에서 고려된 수요에의 대응성과 자원, 지역사회에의 영향은 운영단계에서 구체적으로 명확하게 되나 그에 부응한 시설과 운영에 대한 수정을 필요로 한다. 계획수정의 단계에서는 사업효과와 영향을 지속적으로 체크하고 평가하는 시스템이 필요하며 이는 전문가와 지역주민에 의한 외부평가를 받는 일과 적합한 관리·운영을 위해서도 중요하다고 할 수 있다.

### 2) 관광개발주체의 역할과 경영

관광개발의 주체는 공공부문과 민간부분, 그리고 제 3섹터로 구분할 수 있는데 개발의 주체가 지니고 있는 역할과 경영에 따라서 각기 다른 특징과 차이점이 있다.

우선 공공의 역할에서 살펴보면 지방자치단체에 의한 관광시설정비의 역할이 중시되고 있다. 지방자치단체의 관광관련시설 정비에는 공공의 입장에서 도로, 주차장, 공원, 박물관 시설 등 민간참여가 불가능한 분야를 담당하고 수익사업에 대해서는 시설정비도 포함하여 민간사업에 위양한다는 견해도 있으나 실제로 전국 각지의 지방자치단체가 휴양숙박시설과 같은 다양한 수익시설사업의 주체인 경우도 많다. 한편으로는 공공부문과 민간부문이 공동으로 출자한 제3섹터 방식이 있는데 이는 지방자치단체가 지역대표로서 지역진흥을 한다는데 의의가 있으며 지역기업에 의한 관광시설정비, 또는 외부자본 투입을 예견할 수 없는 지역에서 지방자치단체가 관광시설정비사업의 주체가 아닌 경우, 지역진흥과 관련이 있는 지역내에서의 투자이익 순환을 어떻게 할 것인가의 문제가 있다. 무엇보다 지방자치단체는 사회적으로 관광거점이 될 수 있는 관광시설정비를 한다. 지방자치단체는 관광시설의 정비에 있어 필요시되는 자금조달을 어떻게 할 것인가가 가장 큰 문제라 할 수 있는데 공적시설인 경우는 시도의 단독사업(독자의 재원 및 공채발행 등)으로 실시하는 경우를 제외하면 가장 일반적인 것으로 국고보조제도를 이용하여 실행하는 보조사업을 활용하게 된다. 하지만 공적보조제도외에도 반공공적인 보조제도와 민간단체에 의한 조성제도도 상당수 있으나 이들의 활용에 대해서 지방자치단체의 적극적인 대응책이 필요하다고 할 수 있다.

지방자치단체가 직접 관광지로 개발된 곳을 경영한다는 것은 일반행정조직으로부터 독립된 지방공공기업에 의한 직접적 경영형태와

제3섹터를 포함한 광의의 지방공사에 대해 지방자치단체가 출자하는 간접적 경영을 한다는 의미이다. 지방공공기업 방식으로 관광관련 시설사업을 추진하는 경우는 관광기반시설을 정비하고, 자료관 및 박물관 등 민간기업의 진입이 어려운 문화사업을 추진하는데 있으며 관광에 의한 지역개발에 있어 초기단계의 거점지역을 만들어 저렴한 서비스를 제공하게 된다.

공공부문이 운영하는 관광시설에의 민간사업자를 활용하는게 있어 시설을 운영위탁하는 경우가 있는데 관광레크리에이션 욕구가 다양화하고 있어 행정적 범위에서 질적 변화에 대응하기 위해서 필요하고, 행정조직의 축소와 효율화를 위해 도입되는 경우가 많고 독립회계에 의한 수지결산의 명확성을 확보할 필요에서 생겨난다. 민간기업이 운영하는 경우는 차입금과 출자금 등 자금조달이 용이해지고, 조직운영상 독립성·기동성·기업성을 충분히 발휘할 수 있다는 이점이 있다. 이로 인해 민간사업자 활용에 의해서 나타나는 효과로는 회사채 발행허가의 구속으로부터 해방되어 필요에 따라서는 신속하게 민간자금을 조달할 수 있고, 의회의 관여를 회피할 수 있으며 정치적 개입을 배제한 자립적 운영이 가능하다는 점이다. 그리고 기업회계제도와 민간경영노하우를 도입할 수 있으며 민간인의 인재등용을 통해 기업경영이 원활해 질 수도 있다.

민간주도형 관광개발을 보면, 자본의 경쟁원리가 전제조건이기 때문에 사업의 수익성·채산성을 제일 먼저 고려하고 있으며 입지선정에 있어서도 제약이 따르는데 대규모 관광개발의 경우, 관광자원의 대부분은 공공적 성격을 지니고 있어 민간이 개발을 착수하는 데는 다양한 문제점이 노출된다. 무엇보다 민간주도형 사업자는 관광개발을 착수하게 되면 투자된 자본의 회수를 목표로 하기 때문에 특정의 시설정비를 통한 수익극대화를 고려하기 때문에 비용감소, 시장개발, 서비스 질 향상과 연출, 이벤트 등의 소프트적인 개발에도 순조롭게 대응하고 노력을 할 수 있다는 장점이 있다.

〈표 4-2〉 공공 및 민간주도형 관광개발 방식의 차이점

| 구분 | 공공주도형 | 민간주도형 |
|---|---|---|
| 자원입지 | 지역분산적입지 | 고밀도 이용입지 |
| 이용요금 | 저렴한 요금 | 비교적 높음 |
| 개발목표 | 국민복지 | 기업성장 |
| 의사결정 | 비집중적(다수참여) | 집중적(소수참여) |
| 파급효과 | 대규모적 | 소규모적 |
| 개발평가 | 다면적 평가 | 편익적 평가<br>차별적(영리성 기준) |
| 장점 | 개발착수의 용이<br>권한행사의 용이<br>자금조달의 용이<br>공공복지적 효과 제고 | 탄력적 투자가능<br>창조적 의욕고취<br>변화에 쉽게 용이 |
| 단점 | 운영의 비능률성<br>예산편성의 경직성<br>시행착오의 가능성 | 주민의식반영 제약<br>행정절차의 어려움<br>금융자원범위의 한계 |

제3섹터방식의 관광개발은 공공과 민간섹터의 장점을 도입하여 각자가 출자와 임원의 파견을 하며 공공섹터 출자에 의해서 공공성과 지역계획성, 민간섹터에 의한 기획력과 경영력을 도입하기 위해서 도입한다. 일반적으로 공공섹터의 힘이 강력할 경우는 경영적인 파탄이 생성될 우려가 많으며 반대로 공공섹터의 힘이 약할 경우는 개발시에 있어 기반시설 등이 정비될 때 까지는 공공섹터가 개입하지만 개발컨셉의 설계와 운영관리에 있어서 민간섹터가 주도하는 경우가 효율적인 운영을 할 수 있는 경우가 많다. 특히 자금의 주체와 운영의 주체는 일반적으로 동일할 필요는 없으며 자본과 경영의 분

리가 어렵다는 점에서 반드시 동일할 필요는 없으나 리조트 개발과 같은 대규모 관광개발을 수행하는 경우는 전체를 통합하는 사업주체와 숙박시설, 음식시설을 운영·관리하는 주체를 명확하게 구분하여 운영함으로서 성공한 경우가 많다.

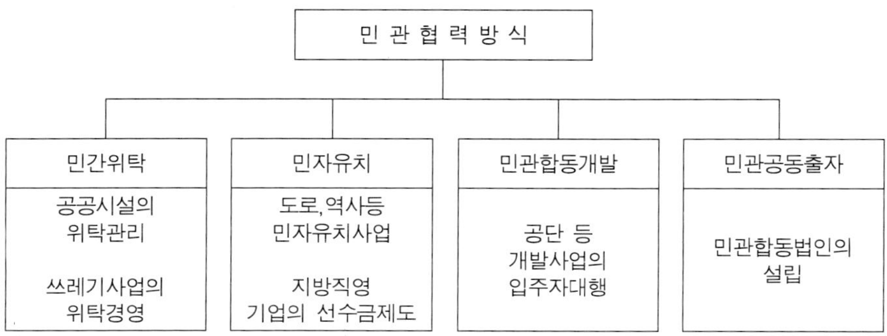


〈그림 4-3〉 민관협력방식 적용체계

| Chapter 5 |

# 관광지와 지역개발

## 1. 관광지의 환경접근법

### 1) 관광지에 있어 경관체험

일반적으로 관광지란 비일상적으로 방문하는 불특정 다수의 사람들을 대상으로 그들에게 그 장소 고유의 체험·발견·놀라움·즐거움·안락함·감동 등을 제공하는 지역이라 할 수 있다. 비일상적인 체험은 그 장소 고유의 음식물·생활관습·주민·특산물·이벤트·활동·자연·문화재·건축양식 등에 의해서도 유도될 수 있는데 이들 중 지역적 이미지를 가지고 어떤 추억꺼리와 연관되어 마음 속에 기억되며 추억으로 남는 것이 시각적 이미지이며 경관의 대상이라 말할 수 있다.

경관(landscape)이란 인간이 환경을 관망할 때 발생하는 것으로 그것을 계기로 하여 얻을 수 있는 심적 현상이다. 경관현상은 고정적인 시점을 대상으로 하여 성립하는 경관과 이동에 의한 경관축척으로부터 얻을 수 있는 장소의 경관으로 구분할 수 있다. 말하자면 전자는 경관의 구도적인 밸런스와 대상이 보이는 크기 등의 지각적 현상을 문제로 하는데 비하여 후자는 대상의 공간적 구조와 의미부여를 중시한다. 이는 성곽에서 볼 수 있는 조망, 사찰의 길, 도시의 경관 등이라 할 수 있다.

따라서 관광지의 인상은 경관대상에 의한 것이며 그 특징은 경관체험을 한다는 데 있으며 이러한 의미의 깊이를 느낄수 있는 경관체험을 할 수 있는 곳이 훌륭한 관광지가 될 수  있다. 인상에 남는 경관체험이란 자연경승지 및 역사적 건조물 등 비일상적인 전망을 볼 수 있는 경관체험으로 관광자원으로서 특정적인 흥미의 대상이 되기도 하지만 훌륭한 관광자원이라 할지라도 인상에 남는 경관체험을 획득할 수 있을지의 여부가 남아 있다. 이는 어떤 흥미의 대상이 없어도 인상에 남는 경관체험을 얻는 경우가 있는데 인상에 남는 경관체험이란 상당히 심리적인 경우가 많아서 지역주민으로부터 따뜻한 접대를 받는 경우, 어떠한 풍경이라도 좋게 인식되기도 한다. 그래서 경관체험은 경관대상이 결정적인 내용이라기보다는 조망하는 장소의 환경, 조망할 때의 심리상태, 조망하는 사람의 경험 등에 의해서 경관체험의 승부가 크게 좌우된다. '조망당시의 심리상태'는 경관대상의 보는 견해와 조망하는 장소의 환경에 의해서 통제될 수 있다. 예를 들면 험악한 바위와 빙설로 뒤 덥힌 알프스산도 초원이 있는 목초지가 있기 때문에 아름다운 경관을 연출하며 철제만이 앙상한 다리라도 이를 조망할 수 있는 좋은 공간을 준비함으로서 한 폭 그림의 관광대상이 된다. 인상에 남는 경관체험을 확보하기 위한 하나의 관점으로 '따뜻하게 접대하는 마음자세'를 어떻게 표현할 것인가, 한편으로 불쾌요인을 어떻게 축소시키느냐도 중요한 포인트라 할 수 있다. 이러한 경관체험이 가지는 메카니즘을 보면 과거시점에서 관광객은 경관대상을 비롯한 시각대상과 환경으로부터 다양한 시각정보를 입수하고 그것에 의미부여를 하거나 외부로부터의 시각정보를 입수하고 주체스스로가 활동을 통하여 심리적 및 생리적인 변화를 생성하고 하나의 경험을 형성하게 된다. 이 때 주체는 외부로부터 일방적인 정보를 전송하는 것이 아니라 외부로부터의 상호관계를 통하여 필요한 정보를 선별한다. 과거 경험이 선행적 경험 형태로 주체의 심리적·생리적 반응의 일부라 할 수 있으며 이러한 경험은 미래 시점의 주체로서 선행경험이 된다. 이러한 경관계획·설계대상으로의 선행경험, 지적정보, 시점근방의 환경, 주체의 활동, 시점, 경관대상 등으로 구분할 수 있다. 우선 선행경험은 관광객이 세상에 태어나서 현재까지의 장기간에 걸친 경험과 거의 수시간에서 수분전의 경험까지 포함한 단기의 경우도 있으며 특히 차창넘어 보이는 경관 등의 선행경험에도 배려가 필요하다. 과거로부터 집락과 전원경관 등 국민들이 근원적 풍경을 취급하는 경우에도 선행적 경험이 검토대상이 된다. 둘째, 지적정보로서의 관광객은 대상물의 시각에 사로 잡혀 무의식 중에 그것에 대한 의미를 부여하게 된다는 점이다. 셋째, 시점근방의 환경으로 소리, 바람, 온도, 습도, 냄새 등과 근처의 시각대상은 경관대상을 조망하는데 있어 분위기 구성에 중요하며 어떤 훌륭한 자원경관이라도 소음이 많으면 의미가 없고 한라산이라도 근처에 송전선과 전화선이 있다면 시점근방의 환경으로서 의미를 상실하게 된다. 꽃으로 장식된 인도를 조망할 수 있는 도로경관은 보는 사람에게 아늑한 분위기를 자아내게 하며 훌륭한 환경에서 음식을 즐기는 경관도 의미있는 것이라 할 수 있다. 넷째, 주체의 활동으로 주체는 스스로 활동을 통해서 생리적, 심리적으로도 변화를 생성하며 고난을 극복하고 성취한 즐거움은 편안하게 획득한 즐거움보다 한층 우리들에게 체험적이라 할 수 있다. 자연경관체험에 있어 주체 활동이 가진 역할은 매우 크다. 누구나 쉽게 올라갈 수 있는 관광도로와 케이블카 건설도 경관체험의 질을 확보한다는 차원에서 신중히 대처해야 하며 걸으면서 조망할 수 있는 풍경과 달리면서 조망할 수 있는 풍경은 많은 차이가 있다. 걸으면서 조망하는 풍경은 모두 감각적이어서 공간을 체험하는 환경 속의 모든 소리와 움직임에 대해 의식할 수 있으며 달리면서 조망하는 풍경은 변화를 느끼게 하는 동적 경관을 특징으로 하고 있으며 열차와 자동차는 주행하는 동안에 외부 환경의 환경소리와 섬세한 움직임은 지각

할 수 없다고 할 수 있다. 다섯째, 시점으로 경관은 기본적으로 시각을 매개로 하여 인간이 체험하는 것이기 때문에 주로 주체의 눈에 비치는 시점이 존재한다. 경관체험 정도는 어떠한 상황에서도 경관대상을 어떻게 보느냐에 달려 있으며 이를 물리적으로 지배하는 것이 시점이라 할 수 있다. 시점은 경관체험을 구성하는 기초가 되며 시점이 있고 나서 경관대상을 볼 수 있으며 시점 위치와 그 움직임에 따라서 시점근방의 환경도 크게 변화하며 경관대상의 견해도 많이 달라진다. 여섯째, 경관대상은 '사물'(공기 등도 포함)의 집합체이며 시각대상이 되는 모든 것으로 시점이 움직이면서 경관대상 형태도 상이하게 보여 지게 된다. 이러한 견해는 경관대상이 주는 '의미', '구도', 그리고 '분위기'까지 좌우할 수 있다는 점이다. 특히 경관대상은 일조상태, 공기의 혼탁정도, 크기, 형태, 색채, 배경 등에 따라서도 다양한 견해가 있다.

### 2) 관광지 경관체험의 조화와 문제점

① 관광지 경관조화의 사고

관광지의 아름다움은 관광객에서 심적으로 풍요로움을 전해주는 중요한 역할을 하기 때문에 어떻게 조화로운 경관을 관광객에게 제공할 것인가를 신중히 고려해야 한다. 먼저 관광지의 경관조성을 위해 시각적 조화와 의미적 조화를 어떻게 할 것인가의 문제가 있다. 경관은 인간의 시각을 통해서 체험되는 '사물'과 '사물'과의 관계성, 또는 '사물'과 '인간의 마음'과의 관계성에 근거를 두고 평가하며 이러한 관계성에는 시각적인 것과 의미적인 것으로 구분할 수 있다. 시각적인 관계성에는 위치관계에 관한 것과 형태의 조화에 관한 것이 있으며 의미적 관계성에는 의미적인 조화로 예를 들어 '역사성과 현대성', '자연과 인공', '미지와 기존의 세계', '친화성과 배타성' 등

의미적인 대립개념간의 조화문제를 포함하고 있다.

그래서 경관조화는 시각적인 것과 의미적인 것을 의식적으로 구별하여 취급하는 것이 바람직하며 '의미'는 시각대상(경관대상)을 보고 있는 사람이 각자의 선행적 경험과 지식, 게다가 심리적·생리적 상태에 따라 경관대상에 의미를 부여하게 된다. 그래서 관광객 자신이 소속되어 있는 사회와 문화, 또는 관광객이 가지고 있는 지식 등에 의해서도 동일한 경관대상이라고 할지라도 전혀 다른 의미가 부여되고 관광객들에게 상이한 경관체험이 발생하는 경우가 있다.

이처럼 관광지의 경관체험을 형성하는 요소로는 관광자원 자체에 있는 것이 아니라 다양한 인공적 시설이 부가되어 그 의의가 더욱 증폭하는 경우가 많다. 말하자면 관광지의 다양한 시설은 관광지의 이미지를 상승시키는 다양한 경관구성요소라 할 수 있다. 그래서 무엇을 경관의 '주역'으로 하며 그 매력을 증가시키는 '보조역'을 어떻게 하여 관광지역을 구성할 것인가를 결정하는 일은 중요하다. 주역이 될 요소로는 원거리의 훌륭한 산인 경우가 있으며 새로이 설치되는 건조물인 경우도 있으며 한 그루의 나무 또는 그곳에서 즐기는 사람들인 경우도 있다. 또는 특정한 사물이 아니라 해당 공간 전체를 나타내는 독특한 분위기가 그 자체적 경관의 주역인 경우도 있다. 한편 보조역은 주역의 존재감을 암시하는데 있으며 주역을 매력적으로 보이게 하는 역할을 하며 통상적으로는 특별히 의식하지 않는 공기와 같은 존재로 경관의 배경적 요소이며 가능한 존재감이 약한 배치와 디자인을 필요로 한다. 따라서 관광지 경관에서는 주역의 인상을 더욱 증가시키고 보조역의 존재감을 증폭시킬 수 있는 것이 경관설계의 중심적 사고라 할 수 있다.

② 관광지 경관체험상의 문제점

관광객들이 관광활동을 하는데 있어 관광지의 경관과 관련된 관광지 경관체험의 문제점은 여러 부분에서 지적할 수 있다.

첫째, 혼잡한 광고·간판을 들 수 있다. 상품·기업·상점 등 민간간판·깃발·자동판매기, 공공기관이 거는 현수막 등이 저렴한 비용으로 만들어져 관광지 본래의 이미지를 훼손하는 경우가 허다하다. 그리고 자동차의 통행이 많은 도로주변에는 대형으로 화려한 색채의 간판이 난립하고 교통 표식이 상당히 많아서 문제점이 되기도 한다. 둘째, 관광지 특유의 정서를 무시한 디자인 사용에 의해 발생하는 문제이다. 관광지에는 그 지역만이 지니고 있는 고유한 역사·개성·분위기가 있으나 그와 상관없이 오히려 지역적 사정을 고려하지 않고 그 분위기를 훼손하는 디자인의 공작물을 설치하는 경우가 많다. 그 예로 도로가로등·교각, 공중화장실 등에서 볼 수 있는 것과 같이 경관 등을 무시하고 저렴한 공작물을 설치하는 경우가 많은데 아직 우리나라에서는 디자인을 체크하는 시스템 도입이 미비하기 때문에 발생하는 문제이다. 셋째, 관광지의 난개발로 인한 문제이다. 관광지의 난개발은 호텔·골프장·스키장·테니스 코트 등 대규모 시설물을 건설하거나 관광지의 토지를 새로이 조성함으로서 자연적인 경향이 강한 공간이 인공적이며 시각적인 의미로 변화를 초래하는 경우가 많다. 특히 형태·규모와 색채면의 영향을 많이 받는 저속한 구조물도 있으며 훌륭한 야생동식물의 생식환경 장소가 단조로이 인공적인 토지이용 때문에 변질해 버리는 경우가 많으며 그 지역고유의 자연스러움을 상실하고 전국적으로 획일화된 환경조성을 하게 되는 경우가 허다하다. 넷째, 관광지에서 발생하는 소음의 문제이다. 자동차의 교통소음, 스피커에 의한 음악과 선전방송 등은 도시주민이 비일상적인 체험활동을 하는데 있어 관광지의 새소리와 매미소리, 파도소리를 들을 수 있는 조용한 환경을 파괴하게 된다. 조용함은 자연과 역사를 중심으로 한 경관체험을 하는데 상당히 중요한 요소이기 때문에 도시에서는 느낄 수 없는 '귀를 조용하게 쉬게 하는 행위'를 함으로서 새로움의 즐거움을 느끼게 하고 관광지의 훌륭한 환경이미지를 청각을 통해서 체험시킬 수 있다. 다섯째, 관광지에서 교통안전의 문제이다. 비일상적인 활동으로 지칭되는 관광활동은 거주지에서의 교통질서보다 더욱 문란한 행위가 허다하다. 관광지에서도 교통사고의 안전지대로부터 해방되지 못하고 횡단보도를 이용해야 하며 특히 교통량과 주행스피드 및 이를 허용하는 사회적 분위기가 작용한다. 훌륭한 환경에서 경관을 음미하는 것이 보다 좋은 경관체험을 할 수 있는 중요한 요소이며 기본적으로 관광지의 중심지역에는 일반차량의 통행을 금지시켜서 그 관광지만이 가지고 있는 독특한 규율을 조성하여 사람과 사물의 우송수단을 재검토해야 한다. 여섯째, 관광지의 교통체증과 주차장 부족의 문제이다. 우리나라는 휴가제도에 관한 사고가 매우 빈약한 상태로 관광객이 토일·공휴일에 집중하는 경향이 있어 관광지의 교통체증과 주차장 부족현상을 야기시킨다. 이로 인해 자동차를 이용하려는 관광객과 자동차를 무리하게 관광지 주차장에 진입시키려는 관광지간의 문제가 발생한다. 그래서 자동차의 교통통제와 대체안의 방안제시는 국토가 협소한 우리나라의 현실에서 특히 적극적으로 추진해야할 과제이다.

### 3) 관광지 환경정비의 방향성

관광객에게 훌륭한 관광자원과 시설을 제공하기 위하여 관광지의 환경을 지속적으로 활용할 수 있도록 만들 필요가 있는데 이를 위한 정비방법과 조직정비가 필요시된다. 먼저 관광지의 환경정비 방법은 관광지가 속한 각 지역의 실정에 맞는 좋은 방법을 모색하는 것이 무엇보다 중요하며 특히 경관은 그 지역의 개성을 얼마만큼 충실하게 표현하고 있는지에 달려 있다. 그리고 해당 관광지는 그것만이 가지고 있는 특이한 테마와 조건이 있기 때문에 그러한 지역이 가진 특이성을 잘 조성할 수 있는 경우에 개성이 넘치는 관광지로서 경관을 나타낼 수 있다.

관광지로서의 환경정비를 위한 조직의 정비는 관광행정을 담당하는 많은 부서와의 연관성에서 찾을 수 있으며 지역주민의 자발적이며 적극적인 협력도 필요하다고 할 수 있다. 예를 들면 최근 우리나라의 유명한 관광지에는 세계의 여러 나라 사람들을 매료시킬 수 있도록 훌륭하게 환경이 정비되어 있다. 하지만 관광지 조성에는 지역주민이 중심이 된 관광지 환경정비가 필요하며 우리나라는 행정주도형의 관광지 조성이 많기 때문에 상당히 많은 문제점에 노출되어 있기도 하다. 특히 경관정비에 있어 지방자치단체의 역할이 매우 중요시되는데 중앙정보와의 다양한 협력체제도 필요하다고 할 수 있다. 무엇보다 지역주민이 자긍심을 가질 수 있는 지역환경 정비를 위하여 지역주민과 지역의 향토학자들이 참가하는 '환경관리위원회'등의 추진조직체를 먼저 만들고 그 중 토지이용계획, 자연환경보전, 교통계획, 소음대책, 경관플랜 작성 등을 종합적이며 다면적으로 검토하고 그러한 현상과 계획의 심사시스템을 만들어 가능한 부문부터 실시할 필요가 있다. 이는 지역주민들이 자긍심을 가지고 살기 좋은 환경정비를 촉진하는 일만이 아니라 지역의 관광자원에 대한 배려이기도 하다.

## 2. 관광지의 지역개발적 시점과 과제

### 1) 관광에 의한 지역개발

현재 사람들은 노동시간의 지속적인 단축으로 인하여 금전다소비적 관광으로부터 시간다소비적 관광을 갈구하고 있으며 관광활동은 일상적이면서 지속적인 활동이 되고 있다. 이는 관광이 개인기업의 이윤추구를 위한 사적 사업의 활동영역이 아니라 국가적 사업으로서의 활동이 중시되고 있음을 의미한다고 할 수 있는데 관광개발에 의한 사기업의 활동량 증대는 한편으로 국가와 지방자치단체와 같은 공적 기관의 역할을 더욱 증가시키는 결과를 초래한다. 우리나라의 경우, 일반적인 관광지는 오랜 기간에 걸쳐서 전개된 지역개발의 성과라 할 수 있는데 특히 훌륭한 역사자원과 문화자원의 개발은 이들 자원을 목적으로 관광객이 자연스럽게 모이게 된다. 이처럼 관광객의 증가는 어떤 시기에 지역관광 관계자에 의해 적극적인 관광객 유치 대책을 마련하고 추진하게 되어 원래 일반적 지역이 점차로 유명해지면서 관광지로 발전하게 된다.

그래서 관광에 의한 지역개발을 갈구한다는 것은 지역적으로 낙후된 과소지역과 지역경제의 다양한 문제에 직면하고 있는 지역자치단체에게 새로운 발전을 위한 유효한 지역개발 수법의 하나로 관광이 중시된다. 이미 지방자치단체들은 관광시설과 리조트시설의 정비를 통해 지역의 개발을 추진하는 경우가 많으며 그것이 지역개발의 중요한 수단으로 자리잡고 있으며 지역이 하나가 되어 '주거하기 좋고 방문하기 좋은 도시' 실현을 목표로 하고 있다. 이러한 관광개발을 중심으로 한 지역개발은 상업시설이 집중되는 등 지역개발 성과를 측정하는데 있어 많은 문제점도 내포하고 있다.

따라서 지역개발을 추진하는데 있어 관광의 흐름은 다음과 같은 역할을 강구해야 할 것이다. 먼저, 지역문화와 문화환경에 자긍심을 가지고 지역주민들이 생활하고 있는 지역이라는 점이다. 둘째, 그 지역의 훌륭한 환경을 보고, 듣고, 체험하려고 많은 사람들이 관광객으로 방문하는 관광목적지라는 점이다. 셋째, '관광'에 의해서 외부시민인 관광객들이 방문하고 있으며 관광객에 의해 자신의 지역에 대한 어느 정도의 객관적인 평가를 받을 수 있기 때문에 지역주민들은 지역개발에 대한 자신감을 더욱 가지게 된다는 점이다. 이처럼 지역에 있어 관광은 지역을 보다 좋은 관광지로 개발시키는 중요한 역할을 한다.

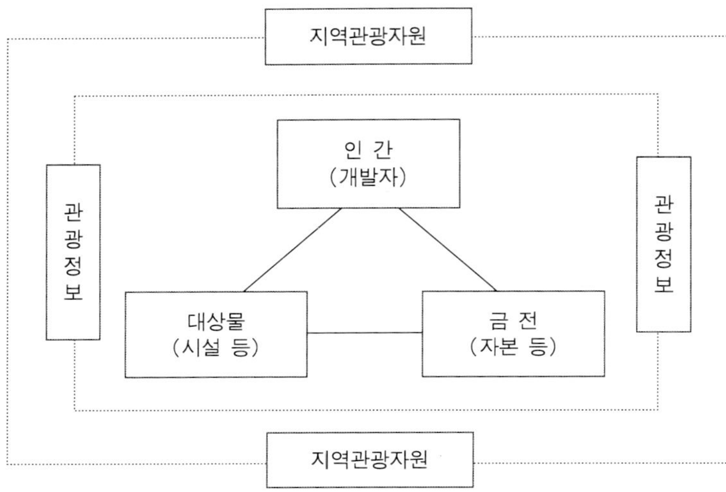


<그림 5-1> 지역 관광개발의 구조

한편 관광을 추진하는 지역의 개발과제는 관광지내 부의 효과 증가와 민간사업자 활용에 따른 문제가 발생하는 경우가 많다. 관광지내의 부의 효과 증가문제는 관광지화로 인해 지역의 풍속을 어지럽히는 환락형 관광의 문제, 지역의 상업시설의 개발로 인한 상업화의 문제, 쓰레기와 자연환경 파괴 등의 문제를 만들어 낸다. 또한 민간사업자 활용에 따른 문제는 지역적으로 양호한 자연조건을 갖춘 넓은 면적에 민간시설 정비가 추진되어 외부의존형 관광개발에 의한 지역내 이익의 외부유출과 관광경영자 대다수는 외부로부터 영입하는 경우가 많다는 문제가 제기된다. 그리고 민간사업자는 관광개발로부터 채산성 확보가 주요관심 대상이기 때문에 투자자금의 조기회

수가 쉬운 골프장, 회원권 방식의 콘도미니엄 개발이 경영전략으로 도입되어 결과적으로 이들 시설을 우선적으로 개발하고 있는데 관광객의 측면에서는 관광이 주2일 휴일제와 유급휴가제 도입으로 인해 국민생활에 있어 가장 기본적으로 요구되는 필수 불가결한 활동의 하나로 자리잡고 있으나 기업들의 이익논리 우선경영전략은 관광이용요금을 증대시키는 결과를 초래하고 일반대중들의 관광 참가를 어렵게 하기도 한다.

### 2) 관광환경의 문제

관광개발은 관광사업의 목적을 달성시키고 관광이 가진 다양한 효과를 지속적으로 유지하며 관광지 매력의 중심이라 할 수 있는 관광지 환경을 장래에도 어떻게 유지하고 존속할 것인지를 신중히 고려할 필요성이 있다. 이를 위한 방법으로 관광개발의 내용에는 다양한 것이 포함된다고 할 수 있으나 적어도 환경 친화적 관광개발의 실시, 지나친 개발의 억제를 위한 적절한 규제의 실시, 관광지의 과도이용에 따른 환경부담 억제를 위하여 적합한 관리와 적정이용의 유도, 환경파괴와 같은 마이너스적 요인의 제거와 환경의 개선을 위한 다양한 수법이 필요하다.

이의 구체적인 내용을 검토해 보면, 먼저 자연환경에 관한 문제를 들 수 있다. 관광개발은 자연환경에 대한 영향으로 인하여 지형의 변형, 삼림(식생) 파손, 또는 소실, 동물의 생식환경 파손 등을 발생시키며 경관의 파괴와 생태계 파괴를 가져온다. 이러한 사례로 관광도로 등의 건설에 따른 도로변 식생의 파괴, 파헤쳐진 흙에 의한 식생과 생태계의 파괴, 지형의 변형에 따른 경관 파괴, 생식지의 절단에 의해 야생동물의 교통사고를 발생시키는데 이러한 영향은 골프장, 스키장에서도 보여지는 일로 삼림벌채, 지형변형에 의해서 경관에 많은 영향을 미치게 된다. 특히 삼림손실, 지형변형은 토사유출과 붕괴 등을 통해서 재해발생을 조장할 우려가 있는데 방재대책이 불충분할 경우, 우기 시의 토사유출이 우려되며 눈사태로 인하여 리프트가 파괴되는 스키장의 경우 등이 있다. 따라서 관광개발시에는 자연환경에 대한 충분한 배려, 지형변형과 삼림벌채의 최소한 억제를 통하여 개발대상지의 지형, 지질, 식생, 생태계 등의 특성을 살린 개발방법과 적절한 환경보전 대책이 시급하며 특히 귀중한 자연환경인 환경조건이 열악한 지역, 재해발생의 위험지역은 가급적 피해야 한다. 특히 낙엽수림재 등은 식생회복기가 장기간 필요하기 때문에 충분한 시간을 가지고 개발할 필요성이 있다. 이는 무엇보다 관광개발은 사업적 수익을 안정적으로 확보하는 것이 중요하기 때문에 개발주체의 경영조건 악화로 인하여 개발을 그만 두는 일은 폐허건물과 지역경관, 분위기 손실 등의 요인이 되기도 한다. 둘째, 경관의 문제가 있는데 자연의 직접적 파손에 따른 경관파괴, 건축물 등 경관자원 주위와 조망의 주요부분 출현 등의 경관파괴를 발생시키게 되는데 예를 들면 훌륭한 환경지에서의 호텔 등의 건축물 건설이라 할 수 있다. 셋째, 물에 의한 환경문제를 발생시킨다. 먼저 토사의 유출 등에 의한 오염, 농약에 의한 오염 등은 생태계에 많은 영향을 미치고, 음료수의 오염과 같은 경우는 관광자원으로서 물의 매력을 저하시킨다. 예를 들면 골프장 하류의 간이수도는 농촌지역에서 농약오염의 우려가 있으며 이것이 강으로 유출되면 양식하는 물고기의 대량살상우려도 있다. 넷째, 역사적으로 보전하여야 할 환경의 문제가 있는데 이는 도로건설 등으로 인하여 매장문화재 손실이 상당히 많이 예상되기 때문에 관광자원으로서 적절하게 평가하여 보전을 결정할 필요가 있다. 다섯째, 지역의 고유한 경관과 분위기로 자연경관, 역사적 경관, 전원경관, 집락과 마을거리 경관이 있다. 이들은 관광자원으로 관광지 경관 형성에 도움이 되기도 하는데 이것의 파괴요인으로는 무질서한 토지이용 전환에 의한 토지이용 균형의 붕괴, 지역경관에 부적절한 디자인 건축물 등의 출현, 도로변 간판의 난립 등으로 지역주민에게 위화감을 조성하고, 소외감의 증대, 관광지의 매력저하 등을 유발하기 때문에 지역경관 보전기회의 제공은 주민의 식고취를 필요로 한다. 여섯째, 지역사회 환경, 생활환경 등에 의한 문제이다. 건축물에 의한 일조권이 저해되고 물가·지가 상승의 경제적 부담은 공공사업 실시의 부담을 가중시키는 원인이 되기도 하기 때문에 행정의 적절한 개발규제를 필요로 한다.

### 3) 관광이용에 의한 환경 파괴

관광의 환경파괴에는 관광객이 관광목적지에서 어떠한 행위를 하는가에 따라 환경상의 다양한 문제를 일으킨다. 이러한 환경파괴의 주요 원인으로는 관광객 자신에 의해 많은 영향을 미치게 되는데 이용자 자신에 의한 영향으로는 관광지에서의 관광객이 과밀하게 이용하는 경우에 자연스럽게 보도를 이용하는 것을 벗어나 관광지 주변의 식생환경을 파손하기 때문에 적정한 시설정비를 필요로 하고 이에 대한 이용규제를 해야 하며 쓰레기로부터 발생하는 미관의 파괴, 악취 발생 등과 같은 문제가 있기 때문에 관광지에 쓰레기를 버리지 않는 것이 요망된다. 또한 관광지의 분위기를 훼손하는 일을 들 수 있는데 오디오 등과 같은 소음의 문제, 꽃과 나무 등을 꺾는 일이 문제시되기도 한다.

관광객의 관광지 이동에 필요시되는 차량도 환경파괴의 영향요인으로 들 수 있는데 자동차, 오토바이 등의 영향, 모터보터, 수상바이크, 스노모빌 등이 환경지역을 훼손하는 경우가 있으며 차량이 자연지역으로 진입하게 되어 발생하는 영향으로 식생 등 지표면의 파괴 외에 산란장소, 새끼집 등 야생동물의 생식지를 파괴하는 경우가 있다. 그리고 자동차에 의해서 발생하는 일반적인 소음은 서울 강변도로의 철새 등과 같이 도로주변의 야생동물의 생식지를 위협하게 되고 모터보트, 수상바이크 등으로 인해서 습지식생, 물가의 식생에도 영향을 미친다. 따라서 이들에 대한 이용상의 규제를 필요로 한다. 특히 관광지로의 교통량 증가는 자동차가 배출하는 배기가스로 인하여 도로변 식생에 영향을 미치며 도로주변의 거주자 및 보행자에게도 불쾌감을 조성하게 되며 교통체증 현상은 관광객에게도 스트레스를 유발하며 지역에서의 생활, 산업 등을 위한 이동의 어려움과 교통장애의 문제가 되기도 한다.

#### 4) 관광지 개발의 문제점과 대응 방안

① 관광지 개발의 문제점

우리나라의 지역개발은 농촌지역과 같이 인구유출 및 고령화, 공장 폐쇄 등의 문제에 직면하고 있는 지방 정부에 있어 낙후된 지역발전의 궁극적인 희망으로 관광에 관심을 가지고 전국적으로 관광개발이 성행하고 있다. 하지만 관광개발은 지역자원을 개발한다는 점에서 지역이 가진 개성이라 할 수 있는 기후, 지형, 문화 등의 환경조건에 대한 명확한 설정을 하지 않거나 인식이 애매할 경우에 개발에 투입되는 요소가 불확실하여 관광개발이 실패하는 경우가 많다. 이처럼 지역개발이 가진 문제점의 요인으로 지역정비와 관련된 지역내부주체의 문제에 의해서 더욱 그러한 문제점이 발생하게 된다. 관광을 통한 지역개발에는 지역 내의 주체라 할 수 있는 주민, 행정, 지역내 관광업자가 있는데 지역내 주체는 지역실정과 지역개발의 경위 등을 충분히 인식하는 주체이기도 하다. 그래서 그들의 행동과 주장에는 자신들 지역만의 정서를 포함하고 있기 때문에 발생하는 문제점이 적다고 할 수 있다. 한편 지역정비와 관련된 지역외부의 주체로는 지역외부의 주체, 외부사업자, 자연보호단체 및 교류단체 등의 외부조직, 그리고 관광객을 고려해야 한다. 지역외부 주체는 지역실정을 정확하게 파악하지 못하는 외부의 사람들이기 때문에 이들은 지역주민들의 정서를 외면한 개발을 할 위험에 처해 있어 특히 관광지 개발에서 보다 많은 문제점이 지적될 수 있다.

<표 5-1> 단일지역 모형과 다지역 모형과의 비교

| 모형구분 | 파급효과 범위 | 한계점 |
|---|---|---|
| 단일지역 모 형 | 경쟁형: 한 지역의 최종수요 변화가 국가 전체에 미치는 효과 | 지역 상호간의 연계관계를 설명하지 못함 |
| | 비경쟁형: 한 지역의 최종수요 변화가 지역 내에 미치는 효과<br>한 지역의 최종수요변화가 국내 여타 지역에 미치는 효과 분석 | 타지역에 대한 파급효과를 보여줄 수 있으나 특정 지역에 대한 효과분석에 제한적 |
| 다지역 모 형 | 한 지역의 최종수요 변화가 지역 내에 미치는 효과<br>한 지역의 최종수요 변화가 국내 특정 지역(분류지역별)에 미치는 파급효과 분석 | 많은 지역을 포함할 경우 각 지역에 대한 자료수집에 어려움<br>파급효과 분석의 범위가 커질수록 많은 가정이 필요 |

② 관광지 개발문제에의 대응

현재 관광지 개발을 추진하는데 있어 대두되고 있는 문제점으로 다음 3가지를 들 수 있으며 이러한 것에 대한 대응을 어떻게 할 것인가가 주요한 관심사라 할 수 있다. 먼저 관광개발의 마스트 플랜이 결여된 상태에서 관광개발을 추진하는 문제점을 지적할 수 있다. 우리나라의 전국 대다수는 지역개발 마스트플랜의 일환으로 '종합계획'을 수립하고 있으며 토지이용을 유도하기 위한 기본계획으로서 '도시계획'과 '국토이용 계획'이 있다. 무엇보다 현실적으로 일부지역에 있어 '종합계획'은 지역개발의 방향도 불명확하며 종적인 관계의 행정사업에 지나지 않는 경우도 있기 때문에 이러한 현실로 인해서 관광개발지역의 적용은 지역개발의 마스트 플랜과 유사하여 자연파괴와 음료수원의 오염 등과 같은 비난의 근원이 되기도 하며 무원칙에 가까운 상태를 조성하고 있다. 그래서 지역주민들과 자연보호단체 등에 의한 논쟁의 대상이 되기도 하며 이를 회피하기 위한 지역계획의 기본이라 할 수 있는 명확한 목표와 사업체계, 토지이용방향을 정한 본래의 '마스트플랜' 만들기를 통하여 지역주민참가와 합의형성에서의 의견참여 등을 유도함으로써 사회적 상황의 변화에도 능동적으로 대응할 수 있는 계획기반 정비를 추진할 필요성이 있다. 둘째, 행정의 결여에 의한 사업자에의 통제능력 부족이라는 사태에 어떻게 대응할 것인가이다. 민간사업자와 제3섹터에 의한 대규모 개발사업은 시내주변의 신도시개발과 공업단지개발 등에서 볼 수 있으며 또한 농촌지역에서는 '관광지개발'과 직접적인 관련성이 있는 골프장개발과 리조트개발 등의 사업에서 엿 볼 수 있다.

도시주변의 대규모 개발에는 어느 정도 법령의 정비와 적절한 규제·유도를 위한 노하우의 축척을 통해 사업추진에 있어 어느 정도 지원체재가 정비되어 있다고 할지라도 농촌지역의 관광개발에는 개발행위를 규제·유도하기 위한 법률과 조례정비가 불충분한 경우가 상당히 많으며 그 지역이 개발영향을 많이 받을 수 있는 자연지역에 속하는 경우가 많다. 그래서 관광개발에의 적절한 통제를 어렵게 하는 중요한 요인이 되고 있다. 또한 자연환경과 주민생활에 대한 배려의 결여를 들 수 있는데 안이하게 이익추구를 도모하려는 사업자측의 자세도 문제라 할 수 있으나 이를 적절하게 규제하고 지도할 수 없으면서 개발을 승인하는 행정측의 주체성과 지도능력의 결여도 부정할 수 없는 문제점이라 할 수 있다. 이는 관광개발과 지역개발에 있어 행정은 마스터 플랜과 더불어 지역환경 보전과 유도를 도모하기 위한 환경조례·경관조례 등의 정비와 새로운 개발사업의 체크와 더불어 개발지도요령의 정비 등 구체적이며 실효성있는 지도자료개발을 먼저 시급히 추진하여야 하며 행정담당자들의 지원체재도 정비할 필요가 있다. 따라서 사업계획의 현실성과 지역진흥에의 효과 등 개발의 가부를 판단하는데 있어 상담원 등 외부인재의 적절한 활용도 적정하게 추진해야 한다. 셋째, 관광객에 대한 적절한 통제체재의 불충분에 관한 대응을 들 수 있다. 관광객의 관광지 방문에 따른 관광매너를 향상시키기 위하여 그들에게 적절한 계몽·유도시책은 항상 보완정비하여야 한다. 이는 쓰레기 되가져가기 운동을 비롯하여 관광지내 자동차이용 규제에 대한 문제도 있으며 관광에 대해 관광객 스스로의 세심한 배려가 없다면 관광지화를 부정하는 운동이 발생될 수 있다는 점을 인식하여야 한다.

③ 관광지 개발의 새로운 전개

관광을 통한 지역개발을 고려하는 지역에서 어떠한 사고로 관광지개발을 추진하여야 할 것인가를 지적하면 다음과 같다. 먼저 관광지에서는 무엇보다 경관가이드 플랜만들기가 필요하다고 할 수 있다. 과거와 현재의 반성으로부터 각지에서 추진되고 있는 지역고유의 자연관과 전통적인 건축양식을 중심으로 한 '개성이 넘치는 지역경관만들기'를 유도할 필요성이 있다. 지역사람들은 자신들이 일상적으로 생활하는 공간이라 할 수 있는 '거주공간'이 외부로부터 방문하는 관광객을 받아들이는 공간이 될 수 있는 '손님공간'으로 간주되어 환대공간이 되어 보다 아름답게 정비하려는 발상으로부터 시작된 것이라 할 수 있다. 그래서 앞으로 '지역정비'와 연관된 '경관가이드플랜'은 특히 관광을 중심지로 육성하려는 지역에서 환대에 관한 질높은 플랜만들기를 추진하여야 하며 관광행정은 '환대를 위한 공간연출방법'에 관해서 국내외의 사례를 면밀하게 분석하여 보다 좋은 관광지 경관만들기를 추진해야 하는 중요한 과제를 안고 있다고 할 수 있다.

둘째, 관광객에 대하여 관광지의 정보를 정확하게 전달시키는 관광정보시스템과 연계된 지역정보시스템 정비가 필요하다. 이는 다양한 관광지에서의 관광활동 및 레크리에이션에 대한 정보를 송출하기 때문에 정보량 확대와 더불어 시스템적으로 관광매력을 향상시킴으로서 동태적 정보가 많은 관광활동 및 레크리에이션 정보를 충실히 보완함으로서 지역주민의 정보이용을 손쉽게 하는 역할을 수행한다. 또한 관광활동 및 레크리에이션의 정보를 획득하려고 하는 외부로부터의 관광객에 대한 정보접근을 용이하게 하기 때문에 지역외부로부터의 이용도를 증가시킴으로써 지역자원과 현황 등에 대한 객관적인 평가의 정보입수도 용이하게 한다. 그래서 관광과 연관된 숙박과 교통기관 예약 등의 네트워크 이용을 손쉽게 만들기 때문에 궁극적으로 직접적인 이익사업으로 관련시키는 일이 가능하며 지역정보 시스템을 지원할 수 있도록 정보의 질적·양적인 정비를 충실하게 만든다. 그러므로 지역정보의 동태정보를 즉시 입수하기 위한 관광사업자와 관계자의 정보제공체제 구축이 필요하며 지역 간의 교류촉진을 위하여 아이들을 비롯한 지역주민의 시야확대와 커뮤니케이션 확대 등을 가져올 수 있는 지역 간 교류가 전개될 수 있으며 이러한 교류사업의 저변확대에는 관광이 수행해야 할 역할이 상당히 크다. 지역 간 교류에는 최종적으로 개인과 개인과의 교류를 원활히 수행할 수 있도록 행정적인 부분은 초기단계의 기회조성 확대를 유도할 필요가 있다. 그리고 관광을 포함한 여러 산업과의 연계를 통한 경제기반구축 조성을 필요로 한다. 현재 우리나라 사회는 여가사회의 발전과 더불어 지역진흥에 있어 관광의 중요성이 더욱 인식되고 있는 시기이며 관광산업을 포함한 3차 산업은 경제변동의 영향을 받기 쉬운 산업이기 때문에 1차, 2차, 3차 산업 간의 균형적 발전이 중시된다.

특히 매력적인 지역형성을 위한 노력은 전국각지에서 그 움직임을 보이고 있는데 관광과 산업의 연계에 의한 상업관광, 공장관광, 관광농업, 관광어업 등의 전개를 필요로 하며 특히 지역경제기반의 안정화 측면에서 각 산업이 관광산업 의존도를 적절하게 조절할 수 있는 구조를 만들 필요가 있다.

# 제2부

## 관광개발의 실제

| Chapter 6 |

# 관광지의 판매전략

## 1. 관광지 이미지 전략

### 1) 관광지 이미지의 의미

관광은 일반상품과 달리 서비스상품이므로 단순히 제품의 특징이나 제품이 주는 이익을 단순 나열하는 상품화 판매전략보다는 관광객의 감정을 자극하여 구매활동이 될 수 있도록 판매전략을 구상하여야 한다. 이처럼 관광지의 판매성과를 올리기 위한 관광지 이미지 전략이 필요한데 일반적으로 관광선전이라는 미디어 활동을 통하여 널리 사회에 제공되는 대상지역으로서의 관광지 이미지를 형성시키는 것이 중요하다. 이들 이미지는 그 체험을 요구하는 사람들에 의해서 관광행동을 일으키는 유인책이고 실제 관광체험을 통하여 사람들에게 전달되기도 한다. 말하자면 관광객은 자신이 가지고 있는 관광지 이미지를 근거로 하여 관광지를 선택하고 관광지를 방문하게 되므로 관광지 이미지를 상승시키는 일은 관광객을 유치하는 효과를 올리는데 있어 상당히 중요하다. 일반적으로 대다수 사람들은 이미 각자가 개별적으로 형성된 이미지를 가지고 있기 때문에 관광지에 대해서도 많은 사람들이 서로 다른 이미지를 가지고 있다고 할 수 있다. 이처럼 관광지의 이미지 전략을 구상하는데 있어 중요한 것은 이미 형성된 관광지에 대한 이미지를 호의적인 것으로 변환시키거나 한번 방문하고 싶은 관광지로 이미지를 상승시키는데 있으며 해당 관광지에 대한 우호적인 이미지를 형성시킨다는 것은 해당 관광지에 대한 잠재수요를 만드는데 있어 중요하다고 할 수 있다.

관광의 이미지는 관광기업과 상품과의 관계에서 볼 때, 유사한 상품이 범람하는 시대에서 어떤 상품을 제조판매하는 기업전체의 이미지를 증가시키지 않고 상품에 대한 선전에 의존만 해서는 상품을 판매하기도 어렵다. 그래서 관광기업은 기업본연의 자세를 호소하는 등 이미지 광고를 내기도 하며 사회활동 등 PR에도 힘을 쏟고 있으며 문화활동 등도 실시하여 기업이미지를 증가시키며 기업이 만드는 상품에 대해 판매하기 좋은 환경조성을 해야 한다. 그래서 관광지와 관광상품과의 관계는 관광기업과 상품관계가 거의 유사하고 관광지 전체에 대한 이미지는 이미지 전략 등을 통하여 증가시키고 개별적인 상품인 스키장, 온천 또는 개별적인 관광시설, 관광코스 등을 새롭게 볼 수 있도록 만드는 일도 중요하다.

### 2) 관광지 이미지 형성

관광지 이미지는 관광객이 살고 있는 목표시장에서 관광에 대한 동기와 욕구를 불러 일으켜서 관광객 스스로가 관광지로 이동할 수 있도록 보다 세분화된 관광대상물을 형성시키는 일로 관광상품에 대한 감성을 자극하여 행동을 유발하게 만드는 감성적 소구(Emotional appeals) 마케팅이 필요하다. 이는 전자제품이나 공산품처럼 논리적인 메시지로 소비자의 합리적 의사결정에 호소하는 이성적 소구(Rational appel) 마케팅과 비교할 때, 관광의 이미지형성은 시각적 체험에 의해서 형성되는 경우가 많다고 생각할 수 있으나 시각만이 아니라 청각, 촉각, 미각, 후각의 다섯 가지 감각기관에 의해서 형성된다.

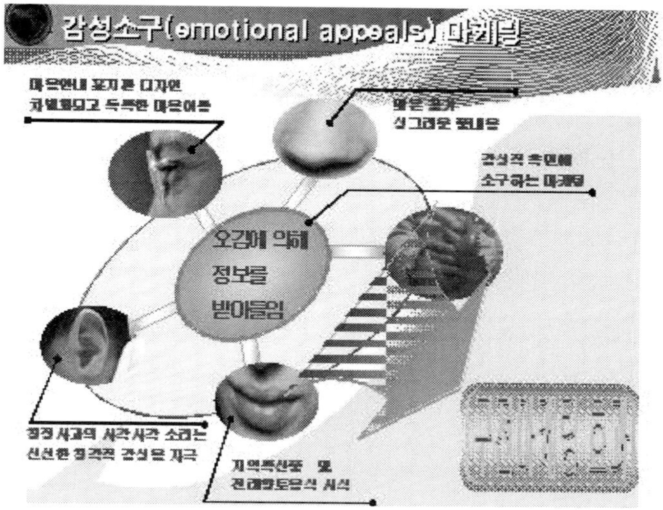


자료: 이민정, "그린 투어리즘 활성화를 위한 마케팅 방안에 관한 연구", 대구대학교 석사학위논문, 2008, p.46.

<그림 6-1> 감성소구 마케팅 기법

위 그림에서 볼 수 있듯이 감성소구 마케팅은 농촌관광지역을 예로 들어 설명하면 우선 1차적으로 마을의 외관 인테리어 및 배경을 받아들이는 시각적 요소, 자연을 만끽할 수 있는 신선한 공기와 녹음의 향기를 후각으로 정보를 전달시킬 수 있다. 또한 맑은 물소리와 자연의 동식물이 내는 소리는 도시민들의 청각에 매력적 요소를 전달시키기에 충분하다. 특히 농촌관광지역에서 직접 농산물을 수확하거나 지역 토산음식을 맛보는 체험관광은 촉각과 미각을 통해 전달됨으로써 도시민들의 감성욕구에 호소할 수 있다는 것이다. 이러한 인간의 기본적인 다섯 가지 감각을 통해 전달된 농촌관광의 매력적 요소들은 그들의 감성에 자극되어 보다 지속적으로 기억될 수 있으며 이는 구전마케팅 효과로 전달되어 관광지의 이미지를 상승시키는 역할을 한다.

이처럼 관광지 이미지를 향상시키기 위해서는 5가지의 감각에 호소할 수 있도록 관광객들 스스로의 마음에 드는 지역환경을 조성하는 등, 인상에 남는 관광지 조성을 추진하는 일이 중요하다. 말하자면 시각적 소재와 언어적 정보에 의해서 이미지를 증폭시키는 일이 중요하다는 것이다.

## 2. 관광선전 광고와 판매 전략

### 1) 관광지의 선전광고 효율

관광활동은 관광객이 관광지로 이동하여 관광시설과 관광자원을 감상하고 되돌아 오는 일련의 활동으로 볼 수 있는데 관광지 그 자체는 이동할 수 없기 때문에 이동이 가능한 사람과 산물 등을 관광공급지로 보내는 방법이 중요하다. 이를 위해서 관광팜플렛 등을 일반인들에게 배포하거나 관광수요자들을 위하여 직접 물품전시회 등을 개최하거나 매스컴과 여행대리점에 대한 리셉션 등을 개최하여 관광지를 광고하게 된다. 특히 관광객을 관광지로 이동시켜서 관광지의 선전광고를 전개할 필요가 있는데 관광객을 관광지로 초청하는 방법은 관광지의 좋은 점을 직접 보기도 하고 만지기도 하여 좋은 이미지를 가지고 귀가하여 구전 등을 통해서 그 관광지의 장점을 다른 사람들에게 홍보시키는 방법이다. 이를 위해 모니터링 제도와 같이 관광객이 느끼는 관광지에 대한 감상 등을 체크하여 관광지의 방향과 서비스 개선 등을 검토해야 한다. 그리고 일반공모 및 해당관광지와 관련된 퀴즈에 좋은 점수를 올린 당선자 등을 초청하는 방법이 있으며 여행대리점 등의 관계자를 초청하여 훌륭한 관광지를 홍보하고 판매촉진 전략과 연계시킨다.

### 2) 관광지 판매촉진 전략

관광지 판매촉진 전략은 관광수요를 창출하는 마케팅 활동을 포함하며 이의 기본적인 역할은 관광객과의 상호간에 만족할 수 있는 거래의 실현, 관광수요의 창조와 확대 또는 유지를 통하여 사회적 의의를 충족시키는 일이다. 이를 위한 관광지 판매촉진 전략은 3가지 측면에서 검토할 수 있는데 관광수요와 지역관광 자질의 파악, 대상관광시장의 선정, 관광마케팅수단의 개발을 우선 파악하여야 한다. 먼저 관광수요와 지역관광 자질을 살펴보면 관광객이 관광지를 방문하는 이유는 관광지의 관광대상을 효율적으로 이용하는데 있으며 현재 관광대상의 종류, 양, 유치능력 등과 같이 최근 새로운 관광대상이 될 수 있는 곳을 파악해야 한다. 관광대상은 자원, 시설, 서비스 등 관광객을 유인할 수 있는 것을 비롯하여 관광자원, 시설만이 아니라 지역산업, 문화자원, 인재 등을 폭넓게 파악할 필요가 있다. 관광자원과 관광시설은 그 매력의 여부에 따라서 지역에 유치할 수 있는 범위가 결정되며 특히 레크리에이션은 관광대상인 시설매력의 크기에 의해서 유치의 넓이가 결정되는 것이 아니라 활동내용에 의해서도 그 넓이가 결정된다. 예를 들어 가볍게 하는 산책과 스포츠는 비교적 유치권이 좁다고 할 수 있으나 해수욕과 스포츠의 경우는 매우 넓게 유치할 수 있는 경우도 있다. 둘째, 대상관광지에 따른 관광지의 판매촉진 전략이 필요하다. 관광지를 방문하는 당일 관광객은 원거리에서 오는 경우가 극소수이며 대부분은 가까운 거리에서 오는 관광객이 주류를 이루며 원거리 관광객은 숙박객인 경우가 많다. 특히 도시로부터 관광객이 많이 방문하기 때문에 원거리일지라도 근거리보다 많은 경우가 있으며 관광지에서의 활동은 거주지의 도시규모, 성별, 연령 등에 의해서 달라 진다. 관광지의 관광객은 지역이 그것을 받아들이기 쉬운 자질을 가지고 있는 경우이기에 과거로부터 현재까지의 관광객층과 지역자질과의 관계를 파악해 두는 것이 유용하다. 셋째, 다양한 관광마케팅 수단의 개발에 있다. 관광마케팅 수단을 조합하는 것을 마케팅믹스라고 부르는데 적어도 관광지의 기획(관광서비스 기획, 판매물품 기획 등), 가격, 프로모션(광고, 판매촉진 등), 유통(판매경로, 판매물 유통 등)의 관광지 판매촉진이 필요하다.

## 3. 이벤트 전략과 관광정보 수집 제공

### 1) 이벤트 기획과 연출

이벤트는 관광의 전사적 마케팅전략으로 관광지의 효율성을 높이기 위한 지원 또는 보강의 '중요한 수단'이라 할 수 있다. 그래서 이벤트는 훌륭한 제품과 서비스 가치를 가지고 있다면 관광객이 원하는 이벤트를 전략적으로 구축할 필요가 있다. 이를 위해서는 무엇보다도 이벤트의 기획과 연출에서의 지역주민 참가를 의식하는 것이 가장 중요한데 기획단계에서부터 조직만들기, 자금조달, 운영에 있어 지역주민들을 참가시키는 일이다. 어떠한 실체를 만드는 것이 이벤트화에서 중요한데 일본 삿포로의 눈축제와 같이 직접 지역주민들이 사물조성에 가담하는 주민참가형의 이벤트화가 있다. 이는 삿포로의 자연적 현상인 눈을 테마로 하여 자원의 희소가치를 증대시킴으로써 세계에서도 하나밖에 없는 지역문화로서의 이미지를 부각시키고 있다. 방문객으로부터의 경제적 비용지불을 강요한 것이 아니라 지역주민들 스스로의 마음을 움직이게 하여 이벤트 활동을 통한 다양한 의미의 활동가능성을 엿 볼 수 있다. 무엇보다 삿포로의 경우 직접적인 경제효과만을 추구하면 근시안적인 이벤트로 전락할 수 있다는 점을 주의하여야 한다. 특히 사람의 마음을 잡는 능력에도 충분히 배려하여 기획, 연출하지 않는다면 이벤트를 통하여 지역주민의 해프닝이 기대되고 관광객은 해프닝을 기대한다는 상반된 관계를 잃게 되어 즐거움을 배가할 수 없다. 말하자면 이벤트를 통해서 지역진흥을 증대시키는 효과를 가져오며 지역민들과 관광객의 커뮤니케이션 역할 등도 증대시키는 효과가 크다고 할 수 있다.

### 2) 관광정보의 수집 제공

관광에서 필요시되는 교통, 숙박, 관광지의 어트렉션 등에 관한 것을 관광정보라고 지칭하는데 현재는 인트넷 등의 정보매체의 발달과 더불어 관광객은 보다 많은 정보를 능동적으로 이용할 수 있게 되었다. 관광지의 많은 정보를 관광객에게 발신한다는 것은 관광지의 활성화를 유인하는 견인차의 역할을 하는 것으로 관광지의 정보발신은 관광을 즐기려는 많은 사람들에게 누구나 친근감을 느끼게 하며 흥미를 가지게 쉽게 하는 분야가 되고 있어 정보발신과 정보발굴에의 적극적인 수용, 자긍심과 스스로 생활의 활력을 만들게 하여 지역이미지 상승과 주민의식 함양을 증대시키는 일을 한다. 이는 관광객에 의한 직접적인 관광소비만이 아니라 단기적으로 숙박시설과 관광시설, 토산품점에 그치지 않고 일반 소매업과 각종 음식점 등 다양한 업종과 연관이 있기 때문에 관광객 유치에 의한 경제효과를 더욱 증폭시키는 역할을 한다. 특히 관광객의 입장에서 볼 때, 관광레크리에이션 활동은 지역과 동떨어진 정보를 수집하고 관광대상을 이용하기 때문에 국민적인 시점에서 각 지역의 해당 지역 정보를 전국적으로 제공하여 관광객들이 쾌적하게 보낼 수 있는 관광 레크리에이션 확대를 고려해야 한다.

이처럼 관광정보를 수집하여 제공한다는 것은 관광객 유치에 일익을 담당하는 것으로 지명도와 호감도를 상승시켜서 방문하는 관광객을 촉진하기 위한 선전 PR활동이며 또한 이벤트 등 구체적인 정보제공에 의해서 여행의 직접적인 기회제공을 하게 되어 계획의 재료를 제공하는 활동이 된다. 이들 관광객에 대하여 관광지의 관광안내소, 팜플렛, 지도표식, 안내판 등을 비롯하여 광범위하게 일반주민들에게도 전달하는 지역적 의미의 정보도 된다. 특히 지역주민들의 경우는 지역과 관광산업에 대한 이해를 증진시키기 위하여 지역주민에게 적절한 정보제공을 하게 되며 특히 지역주민의 관광레크리에션 활동을 지원하는 주민복지의 관점에서도 중요한 요소라 할 수 있다.

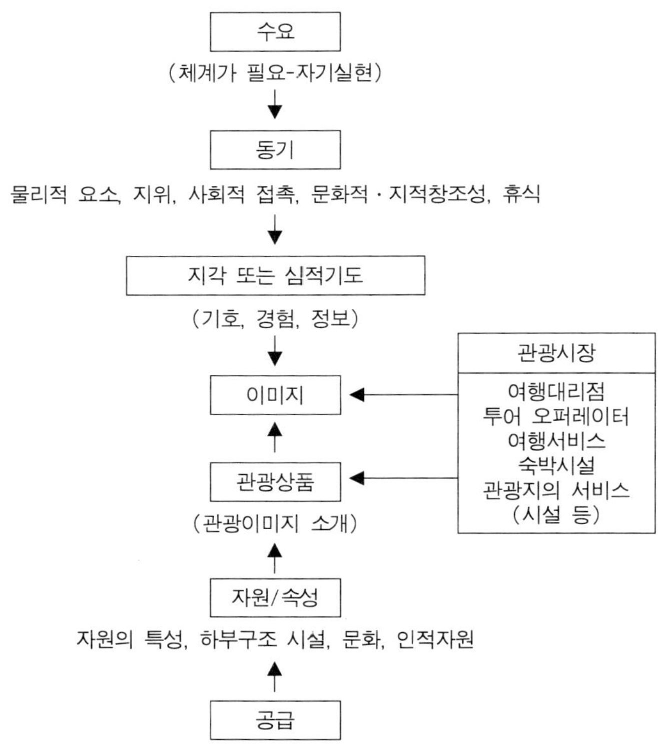


〈그림 6-2〉 관광수급과 이미지 창출

| Chapter 7 |

# 관광루터와 관광코스

## 1. 관광루터와 관광코스의 의미

일반적으로 루터(ROUTE)란 '어떤 일정한 장소에 이르는 노선 또는 길'의 의미로 사용하는 데서 비롯된 용어로 관광루터는 길 그 자체를 의미하며 관광적인 관점에서 볼 때, 관광루터는 관광지를 왕래하기 위하여 설정한 길이다. 말하자면 관광객이 어떤 관광지의 관광포인트에 도달하기 위한 길, 관광객이 하나의 광역적 관광지에 있어 관광포인트를 순례하기 위한 길 또는 광역적 복수의 관광지간의 관광포인트를 연결하기 위한 길이라는 의미가 있다. 이는 관광지측이 설정하거나 또는 정비하는 것으로 드라마틱한 연출을 통하여 관광객에게 감동을 주는 일이 중요하다. 코스(COURSE)란 어떤 일의 과정에 있어 '점차로 추진할 때에 도달하는 일정한 길과 순서'를 의미하며 코스는 어떤 목적으로 추진할 때의 순서를 의미하는 데서 비롯되었다. 그래서 관광코스는 관광객이 관광을 목적으로 결정하는 길 또는 순서라는 관점에서 볼 때, 동일한 하이킹을 즐기는 코스라고 할지라도 관광지측이 모델로 설정한 것과 관광객이 스스로 계획하는 것이 있는데 양자 사이가 여행대리점 등을 설정하고 상품으로서 판매하기도 하며 손님을 모집하는 경우도 있다. 관광코스는 미리 여행대리점을 통하여 관광지측이 코스를 설정하고 판매하는 경우도 있다. 예를 들면 루터와 코스의 차이를 독일의 '로맨틱한 길'이란 표현에서 고찰해 보면 '로맨틱한 길' 은 관광루터이나 그것을 사용하여 '옛성 감상'이라하면 관광코스가 된다.

## 2. 관광루터의 설정

### 1) 관광루터 설정의 의미

관광루터의 설정은 관광지 특질을 이해하기 쉽게 하며 관광지로서의 의미부여를 증가시킬 수 있다는 점이다. 또한 복수의 관광대상을 연결시킴으로서 개별대상 매력의  상승을 강조하기도 하며 개별대상만으로 운용하기 힘들 경우에 새로운 매력을 만들 수도 있고 관광객의 선택폭을 넓히기 쉽도록 방문기회를 증가시킬 수 있다. 이는 관광상품으로서 관광객의 이용증대를 하는 것으로 관광의 존재감을 증가시킬 수 있다. 관광루터와 관광코스의 설정은 건강지향 사회의식 증가와 더불어 몇 개의 관광지를 둘러보는 것보다도 하나의 관광지를 깊이 있게 탐색하려는 성숙한 관광행동과 더불어 발생하는 일들이다.

### 2) 관광루터의 설정 방법

관광루터의 이용형태는 관광객이 관광활동을 하면서 한 곳에서 다른 곳으로 이동한다는 특징에서 보행을 주로 하는 것, 이동수단 이용을 주로 하는 것, 보행과 이동수단 양자의 이용을 목적으로 하는 것으로 나누어 볼 수 있다. 이를 중심으로 한 관광루터의 설정방법에는 일정한 넓이를 가진 관광지를 둘러보기 위한 광역적인 관광루터로 대형관광 캠페인과 연계된 광역관광루터가 있는데 이것은 관광지로서의 의미상승을 목적으로 관광객 회유를 광역적으로 촉진하게 되며 단독적인 관광지에서는 볼 수 없는 복합적인 매력을 배양시킨다. 일정한 폭을 가진 관광지를 둘러보기 위한 루터설정은 도(道)경계의 분기점이나 인터체인지 등 간선과의 접속을 하는 것으로 자전거 임대와 렌트카 등이 있는 곳과 광역적인 공항과 항구, 역 등과의 네트워크를 만드는 것이 쉽다는 점에서도 중요시되고 있다.

또한 이러한 광역적 터미널에서는 교통기관이 양호한 경우, 예를 들면 새마을호 열차가 정차하거나 중심적 관광수요지와의 통로가 개설된다면 그곳을 기점으로 한 루터설정이 새로이 관심을 불러 오기도 하며 손님유치효과도 증가된다. 관광루터의 설정내용을 살펴 보면 <표 7-1>과 같다.

〈표 7-1〉 관광루트 설정 예시안

| 구분 | 관광루트의 설정 |
|---|---|
| 국제 관광루트 | ·항공: 외국—김포·김해공항—창원(국제회의, 산업관광)—서울·부산—출국 |
| 전국 관광루트 | ·내륙관광루트: 부산—창원(컨벤션, 주남, 마금산)—마산—진주—지리산지역—김천—서울<br>·해안관광루트: 부산—해운대—창원(삼귀)—마산—한려해상—여수·순천 |
| 도 관광루트 | ·내륙관광루트: 김해—창원—부곡—울산—부산—창원—진주촉석루—함안—지리산<br>·해안관광루트: 진해—창원—마산—통영—거제<br>·해상관관루트: 부산항—진해항—창원·마산항—충무·거제항 |
| 시 관광루트 | ·자연 자원형: 창원—성주사—불모산—안민고개—마진공원—삼귀해안—창원<br>창원—용추계곡—창원의 집—정병산—창원<br>창원—주남저수지—화훼원—낙동강변—창원랜드—온천<br>창원—달천계곡—마금산—외산—낙동강변—온천<br>· 주제별: 도심관광코스, 농촌관광코스, 야간관광코스, 조류탐사코스, 생태관광코스 |

### ① 전국관광루터

| ◦육로관광루트 |
|---|
| * 내륙관광루트<br>· 서울-천안-온양-부여-대전-무주-진안-전주-남원-순천-광주<br>· 서울-춘천-원주-충주-단양-안동-대구-경주-양산-부산<br>* 내륙, 해안 관광루트<br>· 서울-인천-당진-서산-군산-전주-남원-함양-섬천-대구-경주-부산<br>· 서울-춘천-고성-속초-강릉-삼척-울진-백암-영덕-포항-감포-울산-부산<br>· 서울-이천-수안보-대전-무주-전주-정주-변산-목포-해남-순천-여수<br>· 서울-여주-원주-단양-안동-대구-부곡-진주-순천-충무-거제-마산-부산<br>* 해안관광루트<br>· 인천-당진-서산-대천-군산-변산반도국립공원-목포<br>· 목포-진도-완도-순천-여수-충무-거제-마산-진해-부산<br>· 고성-속초-강릉-삼척-울진-영덕-포항-감포-부산 |
| ◦해상관광루트 |
| · 인천-당진-태안해안국립공원-고군산군도-흑산도·홍도-거차군도-제주도-거문도·백도-거제-부산-포항-울릉도-동해<br>· 인천-당진-태안해안국립공원-고군산군도-변산반도국립공원-흑산도·홍도-목포-진도-완도-추자도-제주도<br>· 동해-울릉도-포항-부산-거제-충무-여수-완도-추자도-제주도 |
| ◦항공관광루트 |
| · 서울-부산, 서울-제주, 서울-대구, 서울-광주, 서울-강릉, 서울-속초, 서울-포항, 서울-여수, 서울-진주, 서울-울산, 서울-예천<br>· 제주-부산, 제주-대구, 제주-광주, 제주-여수, 제주-진주, 제주-예천<br>· 부산-광주 |

② 권역별 관광루터

| ◦중부관광권 |
|---|
| * 산악, 문화관광루트<br>· 서울–용인–이천–여주–원주–오대산국립공원–강릉–동해–삼척–태백–속초–수변, 위락관광루트<br>· 서울–가평–춘천–소양호–파로호–속초–화진포<br>* 해안, 도서관광루트<br>· 서울–강화도–영종도–서포리–아산호–수원–서울–통일안보관광루트<br>· 서울–강화도–판문점–철원–평화의 댐–고성–속초 |
| ◦충청관광권 |
| * 산악, 수변관광루트<br>· 대전–청주–충주–월악산–단양팔경<br>· 대전–청주–속리산–영동–대둔산도립공원–해안, 문화관광루트<br>· 대전–공주–부여–대천–안면도–천리포·만리포–서산–당진–온양–천안–청주 |
| ◦서남관광권 |
| * 산악, 문화관광루트<br>· 광주–정읍–전주–진안–무주–장수–남원–구례–순천–여수–해안, 도서관광루트<br>· 공주–군산–고군산군도–변산반도국립공원–선운산도립공원–목포–흑산도·홍도–목포–광주<br>* 산악, 해상관광루트<br>· 광주–영암–해남–진도–거차군도–토말–완도–거문도 · 백도–여수–순천–화순 |
| ◦동남관광권 |
| * 내륙, 해상관광루트<br>· 부산–양산–경주–대구–고영–섬천–진주–남해대교–삼천포–충무–거제<br>* 내륙, 해안관광루트<br>· 부산–울산–감포–경주–대구–부곡–마산–진해–김해<br>* 해안, 문화관광루트<br>· 대구–경주–포항–주왕산국립공원–울진–청량산도립공원–안동–문경세재–구미 |
| ◦제주관광권 |
| · 제주–용두암–제주민속박물관–함덕–만장굴–성산일출봉–표선–남원–서귀포–수악계곡–한라산–산천단–민속자연사박물관–제주<br>· 제주–한라산–중문관광단지–안덕계곡–대정–협재–애월–용두암–제주 |

자료: 문화관광부, 「관광동향에 관한 연차 보고서」, 2004.

## 3. 관광코스의 설정

### 1) 형태상의 특징

관광코스는 이동수단 이용을 중심으로 간선도로 등이 선정 후보지가 될 수 있는데 보행이용을 중심으로 하는 경우는 대개 1일 이내를 둘러보는 곳을 원칙으로 설정한다. 그 이용방법을 이용자에게 제공하는데는 어느 것이나 보행자용 길과 보행에 안전성을 유지하기 위한 길을 선정한다. 최근에는 건강을 지향하는 사회적 분위기가 점차로 증대되어 하이킹 등 걷는 관광수요가 증가하고 있으며 보행을 주로 하는 경우는 역과 버스터미널 등의 교통거점을 기점으로 하여 동일한 교통거점에 돌아오거나 또는 다른 교통거점에 이르도록 설정하여 이용자의 편익을 도모하는 일이 중요하다. 한편 코스 도중에 동일한 길로 돌아오기도 하고 U턴 하도록 설정하는 일은 피하는 것이 좋다. 관광코스의 기점이 되는 버스정류장에 대해서는 대기기능을 확충하여 정류소 자체를 고유한 것으로 만들기 위하여 정비 등을 하여 관광지 시설로서 적합하도록 유도한다.

### 2) 자원특질의 활용

관광활동을 원활하게 지원하기 위한 관광코스의 특질에는 자연자원을 활용한 것과 이동수단의 관광자원화를 통하여 관광행동을 유도하는 특질을 가지고 있다. 자연자원에는 하이킹 코스, 자연탐색로, 꽃의 명소를 중심으로 계절감을 살릴 수 있는 관광코스가 있으나 최근에는 관광행동의 하나로 자연환경에 대한 관심이 증대되고 있어 환경교육장소로서 자연코스 정비도 중시되고 있다. 무엇보다 관광코스로서 자연자원을 활용하거나 코스로부터 자연을 오감으로 느낄 수 있는 코스의 네트워크화가 필요한데 이를 위해서 표식유형의 정비를 추진하는 경우도 있다. 특히 최근에는 관광지의 개성을 부각시키기 위한 방법으로 미각의 중요성이 높아지고 있기 때문에 지역의 산물을 활용한 한정식코스와 같은 미각을 테마로 한 관광코스의 설정도 관심 대상이 되고 있다. 또한 관광은 사람의 이동을 중심으로 다양한 관광자원과 접하는 특성을 가지고 있기 때문에 이동수단의 관광자원화 필요성이 있다. 마차나 인력차 등 기존의 이동수단과는 차별화된 이동수단을 관광코스와 관광루터에 도입하여 이용의 즐거움을 증폭시키는 새로운 방법의 도입이 필요하다. 한편으로는 기존 이동수단의 일부 또는 모두를 관광용으로 모델체인지하는 경우도 있는데 버스와 전철 등 기존 교통 이동수단의 색채를 관광루터와 관광코스의 테마 및 개성과 관련시키기도 하며 관광코스와 루터에 있어 도로의 가드 레일을 오렌지 색깔로 페인트 칠하여 지역의 상징성을 높이는 방법도 있다. 전용이동수단의 활용을 위하여 관광루터와 관광코스의 설정이 중요한데 정기관광버스가 전형적인 사례이며 비교적 넓은 관광지에서는 택시이용에 의한 전용의 관광루터를 설정하는 곳도 많다. 관광시즌 중에는 노선버스와 전철의 차내에서 노선관광가이드를 활용하는 방법으로 테이프를 이용하여 정보를 제공하기도 하여 관광지의 중요한 내용을 이해할 수 있도록 한다.

## 4. 관광루터와 관광코스의 이벤트

관광루터와 관광코스를 유효하게 활용한다는 것은 루터와 코스의 지명도를 높이는 일이며 이를 위해 관광루터와 관광코스에서 각종 이벤트를 개최 한다. 이벤트개최를 목적으로 다양한 방법이 고려될 수 있으나 관광루터와 관광코스를 활용하여 모든 곳을 돌아 본 관광객에게 관광상품을 제공하는 경우도 비교적 많이 활용되고 있으며 관광코스를 산책하면서 시를 짓기도 하고 메모와 스케치를 하여 경연대회를 개최하는 '시경연대회', '스케치 경연대회' 등도 있다. 관광코스와 관광루터는 관광객이 직접 접하는 자연교육과 환경교육 장소로서의 활용가치가 높기 때문에 이를 위한 이벤트 개최도 그 하나이며 관광루터와 관광코스의 설정과 더불어 수용태세 조성도 중요하다. 관광루터와 관광코스의 자원 등을 상세하게 그리고 놀이의 기분이 들 수 있도록 가이드와 캐릭터 상품도 관광지 활용방법의 하나로 준비해 둘 필요가 있으며 이를 연결하는 유료시설을 복수로 이용하는 경우에는 할인을 해 주는 제도도입도 신중히 고려하여야 한다.

| Chapter 8 |

# 도시관광지와 농촌관광지의 개발

관광자원의 개발유형은 크게 현대화된 자원과 시설물을 중심으로 관광상품화하는 도시관광과 농촌의 문화와 자연을 판매하는 농촌관광의 두 가지로 구분할 수 있다.

## 1. 도시관광 관점의 관광개발

### 1) 관광도시의 시대

관광도시시대란 과거의 상업·공업입지중심의 도시만들기에서 관광입지중심의 도시만들기로의 전환을 의미하는데 이는 원래 도시가 가지고 있던 기능으로 되돌아간다는 것이다. 종전의 산업유치와 공장유치에 근거를 둔 산업도시 조성으로부터 도시의 본래 기능이라 할 수 있는 문화창조와 정보송출로의 방향전환을 의미하며 각종 모임을 위한 관광도시로 탈바꿈한다는 점이다. 말하자면 도시에는 도시만이 가지고 있는 명소·유적관람, 공공시설 견학, 스포츠, 이벤트 활동, 아름다운거리, 음식물 등이 많이 있기 때문에 관광객에게 매력을 줄 수 있는 충분한 요소가 많다는데 있다. 과거 지역내 여가관련시설은 오로지 지역시민들이 이용할 수 있는 것으로 외부시민인 관광객을 위한 도시경영과 도시계획이 결여되어 있었다. 지역내 여가관련 시설로는 문화시설 및 사회교육시설로 도서관, 박물관, 청소년교육 시설 등이 있으며 공공공간으로 도로, 공원, 광장 등, 체육·스포츠 시설은 다양한 지역수준에 맞는 시설, 시군읍면동단위의 시설 등이 있다. 하지만 앞으로 도시정비에는 지역내 주민과 외부시민을 위한 생활공간 조성을 종합적으로 고려하여 외부시민이 재방문할 수 있는 도시관광의 매력을 중점적으로 부각시켜서 어떻게 도시관광의 매력을 창조할 것인가의 중요한 포인트를 만드는데 있다. 이를 위해 도시관광을 추진하는데 있어 단지 기존 관광명소의 네트워크화나 관광안내소 설치, 관광선전 촉진과 관광전시회 개최만으로는 불충분하며 각종 이벤트 개최와 컨벤션 개최, 경관과 문화재 보존, 예술과 학술진흥, 국제교류추진 등의 종합적인 도시전략을 구상할 필요성이 있다.

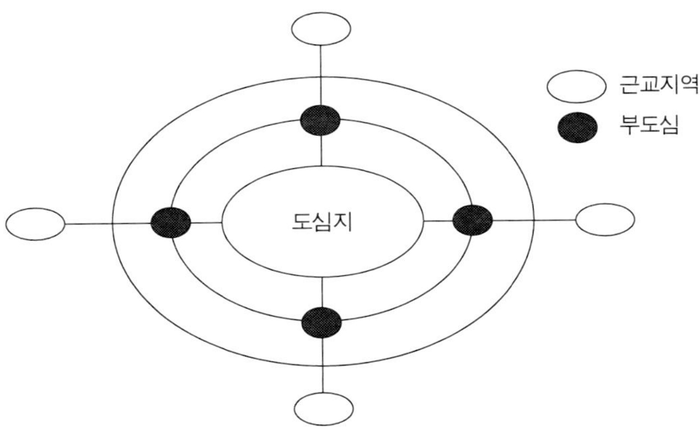


〈그림 8-1〉 부도심과 근교권의 연계

### 2) 도시관광자원의 재구축

① 도시관광지의 주요 포인트

도시관광지의 주요 포인트는 쇼핑가, 시장, 식사가 가능한 레스토랑, 예술감상을 할 수 있는 미술관, 역사적 건축물인 사찰 등이 있다. 또한 아름다운 분위기를 즐길 수 있는 장소로 하천주위, 항구, 다리와 같은 개발지구와 정원·녹지공간, 도시호텔 등도 도시관광지의 중요한 요소라 할 수 있다. 이처럼 도시관광지는 단지 관광객만이 아니라 도시주민, 학생, 노동자, 또는 외부에서 일시적으로 방문하는 사람 등 다양한 유형의 이용객이 있기 때문에 이들 특징을 면밀하게 고려하여 선택 폭을 넓게 하며 다양한 이용자를 고려한 수준 높은 시설정비를 하는데 있다.

② 고층빌딩의 매력과 정비 포인트

고층빌딩은 규모가 크며 개성적인 디자인에다가 도시야경의 아름다움 등도 매력적이며 특히 높은 고층빌딩군의 도시경관은 관광객에게 매력적인 요소가 되고 있다. 따라서 고층빌딩 경관은 현대의 도시다운 이미지를 부각시키는 중요한 요소이며 높은 옥상에서 도시의 경관을 보는 것도 도시의 매력적인 관광 요소라 할 수 있다. 고층빌딩의 정비 포인트로는 고층빌딩 경관을 관망할 수 있는 장소를 공원과 녹지공간으로 조성하고 고층빌딩의 최고 높은 계층을 전망시설로 일반인에게 공개하며 민간이 빌딩을 계획하여 일반인들에게 개방하는 경우에는 전망시설 설치에 대한 행정적인 지원조치도 고려해야 한다.

③ 정원·녹지공간의 매력과 정비 포인트

정원·녹지공간은 복잡한 도심에서 마음의 안정을 얻을 수 있는 조용한 장소로 그 곳의 역사, 자연, 예술 등을 만끽할 수 있는 장소이기 때문에 높은 매력을 지니고  있다. 그래서 사람들이 방문하기 쉽고 방문하고 싶도록 유도할 수 있는 정비가 중요하기 때문에 새로이 정비를 하는 경우는 번화가와 같은 도심 속에서도 많은 사람들이 방문하는 장소에 근접하게 정비하는 것이 효과적이다. 또한 정원·녹지 공간으로는 자동차의 왕래와 소음 등을 느끼지 않을 정도의 면적을 확보하면서 녹음을 느낄 수 있도록 정비하는 것이 필요하다. 공원과 녹지공간 내부에는 박물관·미술관·콘서트 홀·열대온실 등의 거점시설을 설치하기도 하며 벚나무·매실나무 등을 심어 관광명소화시키는 것도 중요하다.

〈표 8-1〉 도시소공원의 가능성

| 구분 | 내용 |
|---|---|
| 장점 | 공원녹지의 질적 향상 도모<br>작은 공간이므로 확보 및 조성의 용이<br>시민의 접근이 편리하여 일상생활과 밀착<br>시민의 변화하는 요구에 따라 유연한 적응 |
| 추진방향 | 도시내에 많은 미활용 부지의 재활용<br>토지이용의 극대화를 위한 지하 및 지상공간의 입체적 활용<br>특히 도심내 특색있는 소공원 적극개발 |
| 사적공원의 소공원화 | 대상: 유휴지, 체제비, 짜투리땅, 이전적지, 매립지 등<br>현황분석을 통한 소공원화 가능성 검토 |

④ 하천주위의 매력과 정비 포인트

하천은 사람들의 마음을 편안하게 만드는 효과가 있어 자연에 접할 기회가 적은 도시민에게 있어 녹지공간과 더불어 하천은 그 의의가 매우 높다고 할 수 있다. 예를 들면 서울의 청계천은 서울이라는 도심 속에 시골의 실개천을 연상하게 하는 하천으로 탈바꿈시켜서 서울시민과 관광객들이 찾아서 쉴 수 있는 공간이 되고 있다. 하천의 매력은 물을 중심으로 하여 풍경이 펼쳐지며 고기와 새, 곤충 등의 생물, 바람에 의한 수면변화 등을 감지할 수 있는 곳이다. 하천의 정비포인트는 심리적·물리적으로 물과 친밀하게 되도록 만드는 것이 중요하고 계단과 벤치 등에 의자와 유유자적하게 강가를 볼 수 있는 장소설치, 경사면의 호안 등을 하여 강가에 쉽게 접근할 수 있도록 하는 것이 중요하다.

⑤ 항구의 매력과 정비 포인트

항구는 바다와 배, 등대 등의 풍경, 파도와 기적 소리 등의 요소가 있으며 항구을 출입하는 대형선박을 보기도 하며 이를 통해서 다른 지역, 국가를 생각하는 것만으로도 로맨틱한 기분을 느낄 수 있다. 항구는 개성적으로 강한 매력을 가지고 있으며 관광지로도 발전될 가능성이 높다. 항구의 정비포인트는 항구 관광지를 형성하는 것으로 항구를 볼 수 있는 장소를 적극적으로 확보하여 공원과 광장 등으로 정비하는 것이 좋다. 역 등의 터미널이 주축이 된 통로를 항구로 향하도록 정비하는 등, 항구의 존재를 이해하기 쉽도록 하는 것이 매우 중요하고 항구에 박물관·미술관·콘서트 홀 등의 문화시설을 비롯하여 시장과 레스토랑·쇼핑점 등의 상업시설을 설치하게 되면 더욱 매력을 증폭시킬 수 있다.

⑥ 다리의 매력과 정비 포인트

다리의 매력은 구조(형상)와 규모, 역사성 등이 관광매력으로 작용하고 있으며 다리디자인을 충분히 고려하고 역사적으로 귀중한 다리는 보존·활용을 통하여 관광객의 관심을 집중시킬 수 있다. 특히 다리의 정비는 전망 포인트를 적절하게 확보하여 공원화시키고 다리를 포함한 주위의 환경을 하나로 정비하여 공간적인 부문을 확보하는 것도 중요하다. 특히 다리 위에서 조용히 풍경을 관망할 수 있도록 발코니 설치 등이 요구되며 하나의 다리만을 집중적으로 정비할 것이 아니라 도시내에 있는 모든 다리를 개성이 넘치도록 정비하여 다리의 도시라는 이미지를 증가시키는 것도 중요하며 이를 통하여 새로이 관광행동을 유발시킬 수 있다. 역사적으로 중요성이 부각되는 교각인 경우에는 이축·보강을 하는 것도 매우 중요하다.

⑦ 도시 통로의 매력과 정비 포인트

도시의 통로는 관광객들에게 그 지역을 알릴 수 있는 도심문화이며 산책, 윈도우 쇼핑 등을 할 수 있는 다양한 점포의 관광자원이 있으며 다양한 상품을 전시할 수 있는 상점가가 있어서 사람들의 관심을 집중시키는 곳이라 할 수 있다. 예를 들면 부산의 자갈치시장과 같이 어산물을 판매하는 통로는 부산의 주요한 관광지의 하나이며 지역의 특산품을 판매하는 점포를 통하여 그 도시의 역사와 개성을 느낄 수 있어 관광객들에게 관심을 집중시킨다. 이러한 통로의 정비 포인트는 방문객이 유유자적하고 안심하게 걸을 수 있는 환경 정비를 우선적으로 고려하는 것이 중요하며 충분한 보도를 확보하여 자동차의 위협으로부터 관광객이 보호받을 수 있도록 하고 보도와 차도를 충분히 구분하여 통로의 여러 곳에 사람들이 앉아서 쉴 수 있는 쉼터를 만드는 등의 통로경관 변화를 통하여 매력적인 공간을 조성하는 것도 중요하다.

⑧ 박물관·미술관의 매력과 정비 포인트

개성적인 박물관·미술관은 소규모이면서 하나의 명확한 테마에 따라 많은 소장품을 소유하고 있으며 그 지역과 깊은 관계를 가지는 특징을 보이고 있다. 지역의 역사를 의미있게 조성한 박물관과 미술관은 도시의 거점적 박물관과 미술관을 보완하며 도시의 문화·예술적인 이미지를 더욱 돋보이게 하는 역할을 하며 도시문화 예술의 성숙도를 이해할 수 있는 지표이기도 하며 도시관광지의 깊이도 증대시킬 수 있기 때문에 적극적으로 용지의 확보와 건설이 요구된다. 개성이 넘치는 박물관·미술관의 정비포인트는 관광객이 단지 보는 것만이 아니라 접촉하고, 듣고, 맛보고, 그리고 촬영하는 등 방문하는 사람이 실제로 체험할 수 있는 기회를 제공한다는 것이 보다 중요하다. 따라서 건물의 디자인에도 그곳만이 지니고 있는 문화성·예술성·지역성을 느낄 수 있도록 배려하고 민간이 개별적으로 설치하는 박물관에도 자금적·물질적인 지원 등을 통하여 관광객들 관심을 집중시킬 수 있도록 시설배치를 한다.

⑨ 역사적 건축물의 매력과 정비 포인트

도시에는 그 지역의 역사성을 나타내는 다양한 건축물을 볼 수 있으며 이들 건축물로부터 역사적인 의미와 훌륭한 시대상을 느낄 수 있기 때문에 흥미로운 관광의 대상물이 될 수 있다. 특히 역사적 건축물은 후세에 전달해야 하는 귀중한 문화유산이기 때문에 적극적으로 보존·활용하는 것이 가장 중요하다고 할 수 있다. 역사적 건축물의 정비포인트는 역사적인 건축물을 단지 보존차원이 아니라 관광객들이 즐길 수 있는 레스토랑, 미술관, 숙박시설 등으로 적극 활용하여 보다 매력적인 관광자원이 될 수 있도록 만들 필요성이 있다. 관광객에게 널리 홍보하기 위해서는 역사적 건출물의 분포도 등을 작성하고 도시내의 위치를 명확하게 알릴 수 있는 지도제작 등이 필요하며 역사적 건축물 조성 등의 이벤트를 실시하는 PR을 통해서 도시의 역사성을 보다 넓힐 수 있도록 해야 한다. 게다가 야간조명의 설치를 통하여 야간 문화의 다른 표정을 조성하여 야간에도 관광객을 유치할 수 있는 전략을 효과적으로 만들 필요가 있다.

## 2. 농촌관광 관점의 관광개발

농촌자원은 농촌의 자연과 문화를 활용하여 농촌의 체험생활을 즐긴다는 관점에서 중요한 의미가 있으며 도시민이 방문하여 좋은 이미지를 가질 수 있는 관광지라는 점에서 새로이 부각되는 곳이라 할 수 있다. 무엇보다 기존의 관광지와 달리 관광객에게 어떤 감동을 줄 수 있는 여건이 많다고 할 수 있으나 도시민 관광객들의 다양한 욕구에 어떻게 부응할 수 있는가에 대한 문제점도 많다. 말하자면 농촌지역의 많은 관광자원을 활용해도 매력적인 관광지가 된다고는 할 수 없으나 오히려 각각의 특징을 살려서 그 지역만이 가진 아름다움을 어떻게 창조할 것인가에 관해 고려할 필요가 있다.

### 1) 농촌관광자원의 다양한 기능 활용

농촌관광은 도시민이 주로 농촌지역을 방문하며 농촌지역 주민과의 도농교류와 체험을 하면서 관광활동을 즐기는 관광형태의 하나이며 도시와 농촌간의 교류를 통하여 농촌지역에 서의 경제적효과, 사회·문화적 효과를 중심으로 한 관광사업 효과를 증대시키는 역할을 하고 있다. 여기서 '농촌'은 농업의 지속 가능한 발전과 환경이 잘 보전된 상태에서 여가활동을 보내는 곳으로 농촌지역이 도시민의 생활환경 변화, 노동시간 단축과 더불어 여가활동을 제공하는 지역으로 대두되고 있으며 농촌의 자연과 조용한 전원풍경, 특색 있는 지역의 관광자원 등의 활용을 통해 훌륭한 자연환경 속에서 자기실현을 할 수 있는 기회제공의 장소라는 점이다. 이러한 점을 염두에 두고 농촌관광의 특징을 정리해 보면 농업과 농촌자원의 다양한 기능 활용형, 지역의 내발적 발전지향형, 민박 중심의 체재형으로 크게 구분할 수 있다.

① 농업과 농촌자원의 다양한 기능활용형

농촌관광은 농업과 농촌자원이 가진 기능을 활용하는데 이는 농업과 농촌이 단지 식량생산이라는 생산적 기능이외에 인간의 생활터전을 제공하는 생활여건 기능을 가지고 있으며, 농업의 환경보전 및 자원이용 기능이라 할 수 있는 공익적 기능을 갖추고 있다.

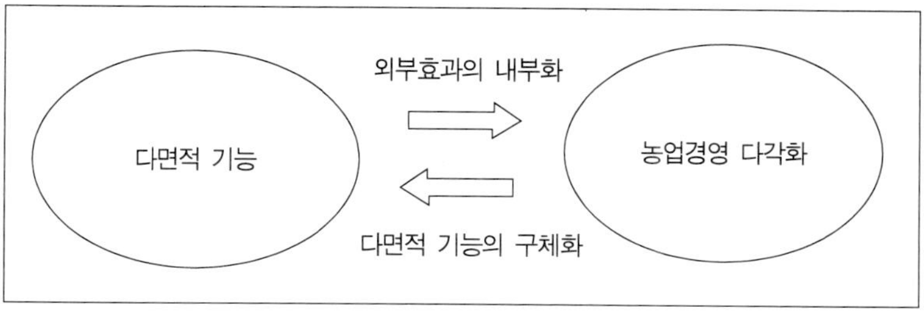


자료: 持田紀治,『グリーン·ツーリズムとむらまち交流の新展開』, 家の光協会, 2002, p.24.

<그림 8-2> 다면적 기능과 농업경영 다각화에 관한 상호작용

생산적 및 생활적 기능이란, 농업은 우리들에게 음식물제공이라는 식량기능을 가지고 있다는 점이다. 첫째, 생산적 기능은 1차 산업이라는 농업기능을 의미한다. 식량과 목재를 비롯하여 기타 생활필수품 등을 생산하는데 이는 질적 수준이 높은 생산물을 안정적으로 공급하며, 신선하고 적정한 가격의 농산물을 안정적으로 공급해야 한다. 또한 농업생산이란 농지를 경작하여 생산작물을 만들어 농산물을 우리들에게 제공한다는 의미가 있으며 지역사회를 유지하는 기본적인 기능이라 할 수 있다. 또한 도시민의 이용적 측면에서 본 농촌관광은 음식물 제공의 기능이라고 할 수 있다.

둘째, 생활적 기능은 농업과 농촌자원의 효용에 관한 내용이라 할 수 있다. 이러한 효용에는 교육적 기능, 여가 · 레크리에이션 기능, 복지적 기능이 있다. 교육적 기능으로는 도시의 어린이, 젊은이들이 농촌지역을 방문하여 농업의 현장을 직접 관찰하거나 체험농업을 통하여 농업의 역할을 새로이 인식함으로써 노동의 대가에 충실히 보답하는 자연관과 생명력을 학습하는 기능을 가지고 있다. 여가·레크리에이션 기능으로는 농촌지역에서 자신의 시간을 활용하여 여가활동을 보내는 일로 농업과 농촌을 통한 재충전의 기회로 활용된다는 것이다. 현대사회의 육체적 및 정신적 노동이 초래하는 스트레스가 모든 병의 근원이 되고 있기 때문에 농촌의 풍요로운 자연환경에서 즐기는 스포츠와 야외 레크리에이션은 스트레스를 해소시키기도 한다. 이처럼 농촌관광은 새로운 활력소로서의 휴양기능과 오락기능을 제공하고 있다. 복지적 기능은 우리나라 사회가 고령화되어 가는 현실에서 고령자 삶의 터전 조성, 건강유지, 예방의학적 효과 등을 의미하는데 고령자가 농업과의 관련성을 가짐으로써 가능하게 된다. 말하자면 농촌의 민박집에서 거주하거나 자신의 고향마을에 회귀하여 과거 자신이 거주하던 집에서 밭일 등을 통해 건강한 삶을 영위할 수 있다는 점이다.

셋째, 공익적 기능은 공공이익으로 대변되는 농업문화 및 환경의 기능에 있다. 이러한 기능으로 지역공간활용 기능, 농촌의 문화와 그 보전활용 기능, 자연환경보전 기능, 토지보전 기능, 기후조절 기능이 있다.

· 지역공간활용 기능: 도시민에게 농촌은 중요한 역할을 하고 있는데 농촌을 방문하면 좋은 자연환경과 경관이 있어 마음의 안락감과 스트레스 해소 등 심적으로 안락한 생활을 영위할 수 있다. 농촌이 가진 이러한 공간으로서의 기능은 농촌관광에 있어서도 중요한 요소라 할 수 있다.

· 농촌의 문화와 그 보전활용 기능: 농촌의 문화란, 농업이라는 생업을 기반으로 하여 형성된 농촌풍경, 농촌의 자연, 전통문화, 공동체, 주택과 가정, 농가의 삼림 등 농촌 고유의 환경과 농촌생활을 유지하고 존속시키는 것을 의미한다. 오랫동안 형성된 독특한 농촌문

화를 가진 우리나라의 농촌은 전통적인 문화의 근원지이지만, 현재 농촌의 고령화가 심각한 문제로 대두되고 있어 도시민 스스로가 농촌문화의 뿌리를 확인시키는 일이 중요하다. 또한 농촌문화체험은 농촌사회의 붕괴를 막으며 농촌문화에서 형성된 문화적 유산의 보전 및 유지에도 기여하게 된다.

· 자연환경보전 기능: 농촌관광은 농업과 자연환경을 활용하는 저개발의 관광사업으로 도시민에게 매력적인 관광활동을 제공하는 환경보전의 기능을 가지고 있다. 이는 새로운 놀이시설을 만드는 것이 아니라 산과 들의 자연을 보전하면서 곤충채집, 고기잡이, 야생조류관찰, 식물관찰 등 도시에서는 볼 수 없는 자연과의 친밀감을 느낄 수 있는 장소를 제공하는데서 비롯된다. 이처럼 농촌관광의 활성화는 환경학습을 통하여 환경교육적 의미가 매우 강하다.

· 토지보전 기능: 농업으로 이용되는 토지의 보전 기능에는 토양침식 방지, 토사붕괴 방지, 유휴지 방지, 지력유지, 오수처리정화 등의 기능이 있다. 특히 유휴지 방지는 농촌관광 활성화의 중요한 요소라 할 수 있는 농촌의 환경과 깨끗한 농촌조성에 있어 중요하다.

· 기후조절 기능: 농업과 농촌이 존재한다는 것은 기후조절 기능이 있다. 수목과 작물은 공기 중의 일산화탄소를 흡수하고 산소를 생산하는 기능을 포함하여 공기정화와 대기를 깨끗하게 만드는 일을 한다. 또한 기온과 습도를 조절하기도 하며 방음림, 방풍림 등의 역할을 하기 때문에 소음방지 및 방풍에도 기여한다.

위의 다양한 기능들은 농촌관광을 활성화하는데 있어 중요한 역할을 하고 있으며 농촌관광을 통해 농업·농촌의 다양한 기능들이 유지될 수 있다는 점이다.

② 지역의 내발적 발전지향형

우리나라는 1993년부터 관광개발에 대한 규제완화 실시와 함께 민간기업을 통한 관광개발사업이 본격화되어 외부 민간기업의 대규모 자본투자에 의한 관광개발이 실시되었는데, 대다수가 기업이익 측면에서 골프장, 콘도미니엄 등 고소득자를 중심으로 한 시설개발이었다. 하지만 농촌관광 관광개발의 중심이라 할 수 있는 시설형태의 대규모 호화리조트에서 농가민박으로 대표되는 소규모시설 및 농촌문화를 활용한 관광형태로의 전환을 의미한다. 특히 우리나라의 주5일근무제 확대와 더불어 유급휴가제의 확충을 통해 장기간의 여가활동이 가능하게 되었는데 농촌관광은 이용요금이 저렴하고 다양한 계층의 사람들이 이용할 수 있는 관광공급이라 할 수 있으며, 자연환경에 대한 배려와 지역사회, 지역문화와의 관계를 중시한다. 따라서 지역의 자율활동에 의한 주민참가, 지역경제발전과 밀접한 산업관계 형성을 도모하는 지역자원 활용, 환경보전을 고려하면서 지역문화에 기반을 둔 적정규모의 개발을 추진하는 내발적 발전형태가 농촌관광이라 할 수 있다. 여기서 농촌지역주민이 주체가 되어 지역경제를 활성화시키는 방법을 일본의 예에서 보면, 3단계로 구분할 수 있는데 제1단계는 상품의 교류로 농업생산을 극대화시키기 위해 농산물 마케팅 활동을 적극적으로 추진하여 농가도 참여하기 쉬운 도시·농촌교류를 하도록 한다. 제2단계는 농촌지역에서의 도시주민과 농촌주민의 교류를 적극적으로 활용하여 농촌지역을 진흥시키는 데 있고, 음식물 등을 제공하여 도시·농촌교류를 원활히 하는 방법으로 농촌주민의 자발적인 유도가 중요시된다. 제3단계는 지역환경과 문화를 활용한 목적별 관광시설, 체험·접촉시설 운영을 통해 도시·농촌교류를 할 수 있다. 일본 농촌관광은 홋카이도지역에서 활성화되어 있는데 입지조건 면에서 공업지역이 아닌 농업지역 중심의 유럽풍 민박형태인 팜인(farm in)이 있다. 이 시설은 경영주체가 농가이며 지역의 장점을 활용하여 양털깎기 체험 등 이벤트 행사를 하고 있다. 일본의 농촌관광의 특징은 지역주민이 주체가 되어 지역진흥을 하고 있다는 점인데, 매력있는 관광지 조성을 위해서는 지역문화와 인재 등이 필요하다. 또한 효율적이고 보다 좋은 서비스 제공을 위해 주민참가를 필요로 한다. 현재 일본은 농림업과 지역특유의 산업이 쇠퇴하고 있으며 농촌관광을 통한 관광사업의 파급효과가 다방면으로 요구되고 있다. 따라서 농촌관광은 많은 지역주민들의 참여, 농산물 공급과 지역의 전통행사 주최 등을 통해 지역자원을 활용하고 개발이익의 대부분을 주로 지역 내에 유입시키고 지역 내로 순환시켜서 지역의 내발적 발전을 유도한다.

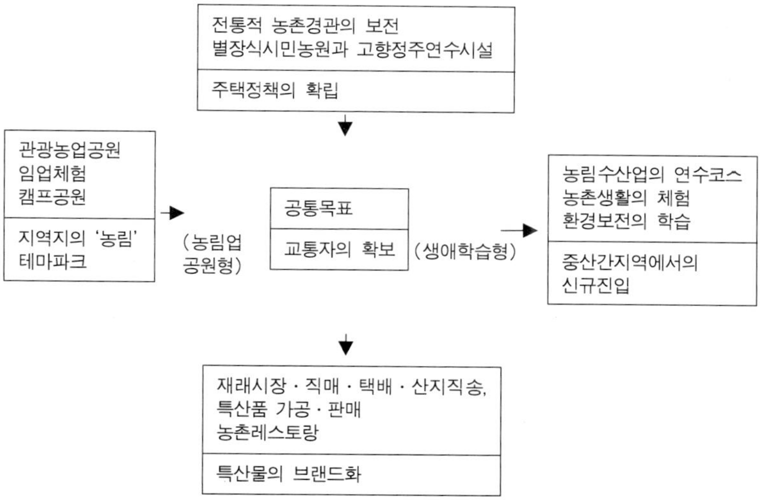


자료: 宮崎猛, 『グリーンツーリズムと日本の農村-環境保全による村づくり-』, 農林統計協会, 1997, p. 15.

<그림 8-3> 농촌관광의 유형

이러한 발전이 가능한 이유는 농촌에는 독특한 지역문화가 있으며 이러한 농촌에서 생활하고 싶어하는 도시민들이 있기 때문이다. 그러한 지역의 문화를 보전하려는 움직임은 단지 그 문화재 및 촌락 등과 같은 그 자체의 보전만이 아니라 주위의 경관을 비롯한 농촌문화 자체를 보전하려는 움직임으로 발전되어, 주민전체의 보전인식이 높아지고 민주적인 과정으로 전개되어 왔다. 이처럼 주민주체, 지역중심의 내부조직 확립은 전통적인 농촌풍경의 보전, 민박을 비롯한 관광산업의 안정적인 발전과 연관되어 있다. 특히 민박의 경영방식에 있어서도 자신이 경작한 밭에서 생산된 재료를 요리로 사용하며 가족경영방식 도입으로 인해 보다 많은 수입을 올리고 2차, 3차산업으로 취업기회를 확대시키는 복합적 경영이익이 파급되고 있다. 이를 통해 주민들의 생활이 안정되고, 지역의 후계자를 지속적으로 확보할 수 있어 지역의 내발적 발전에 공헌할 수 있다. 이처럼 농촌관광은 지역의 고유한 환경을 이용하여 지역조성을 추진하는데 지역의 고유한 환경은 다른 것과 대체될 수 없다고 할 수 있다. 즉 자연환경과 그와 연관된 농업 및 농촌환경이 있으며 그것을 활성화할 수 있는 인재가 있다. 주민참여가 지역개발에 있어 중요한 이유는 지역주민들에 의해 농촌의 활성화를 도모하며, 자립적인 농촌을 만든다는 점이다.

하지만 농촌관광이 외부자본과 기술도입을 전면적으로 부정하는 것이 아니라 농촌지역 주민이 주체가 되어 필요할 때 보완적으로 외래자본 도입을 추진하는 데 있다. 말하자면 농촌·농업을 주축으로 하여 도시민과 단체, 기업을 참가시키고, 정보와 교통부문의 개선, 매력 있는 관광지를 개발하며, 쾌적하고 생동감 넘치는 생활환경공간 창출을 위해 지역자립적인 광역연대사업을 추진할 필요가 있다. 특히 이는 공적 기관과 민간사업자 중심사업이 아니라 주민연대와 행정지원, 기업참가의 파트너십에 의존해야 한다.

③ 민박 중심의 체제형

우리나라 민박의 대부분은 해수욕장과 명산 등의 관광지 그리고 온천지역을 중심으로 농촌지역에 집중적으로 분포하는 여관형의 숙박시설이 중심이다. 그러나 농촌관광에 있어 민박은 새로운 시설을 만드는 것이 아니라 농촌지역의 인구감소와 더불어 기존의 남는 방을 이용하여 장기체재형 숙박시설로 활용하기 때문에 농가의 경영다각화의 일환이 되고 있다. 또한 농가에서 음식제공도 할 수 있어 그 지역의 특산품을 중심으로 생산된 것을 제공함으로써 그 생산의 비용상승을 억제할 수 있으며 농업체험뿐만 아니라 농업과 농촌환경의 다양한 기능을 활용한 체재프로그램이 이용되기도 한다. 따라서 호화로운 요리와 시설을 중심으로 한 전문적 경영시설이 아니라 농가부업으로 가정요리와 지역농산물을 가공하여 제공하는 등 다양한 민박경영의 노력이 보여지고 농가의 새로운 매력창출을 통해 농촌지역의 새로운 시장을 개척하고 있다. 도시주민들의 이용편익을 위해 접객, 인테리어, 요리 등에서 관광객이 농촌에서 체재하면서 여가활등을 즐기는 데 불편이 없는 시설을 겸비하고 있다. 이러한 농촌관광의 조건들을 민박시설을 중심으로 정리하면 다음과 같다. ① 체재를 위한 숙박시설 만들기, ② 그 시설은 새로이 신축하는 것이 아니라 기존의 시설물을 이용할 것, ③ 숙박시설의 규모는 부업으로 행할 수 있는 범위의 소규모일 것, ④ 특히 농가의 농업경영 다각화의 일환으로 실시되도록 하는 편이 바람직함, ⑤ 식사재료는 가능한 한 농가에서 직접 생산한 것이거나, 지역에서 산출된 것을 활용하여 비용을 억제할 것, ⑥ 여관 및 호텔과 같이 획일적인 요리를 제공하는 것이 아니라 전통요리가 중심일 것, ⑦ 숙박객에 대하여 자신들의 숙박방침 등을 전달할 것, ⑧ 숙박객과의 의사소통에 문제가 있는 경영자는 열쇠만을 전달하고, 숙박만을 전문으로 하는 경영도 고려할 것, 그들의 조건을 답습하면서 다양한 유형을 제공할 것, ⑨ 자신의 지역에 자긍심을 가지고, 다양한 지역자원을 방문자에게 설명할 것, ⑩ 체재자에 대하여 농업체험만이 아니라 농업 및 농촌환경의 다양한 기능을 활용한 체재프로그램을 제공하는 일이다. 이러한 조건들은 불특정 다수를 대상으로 하는 숙박시설로서의 민박이 아니라 스스로가 지역개발에 참여할 수 있는 특정한 방문자를 발견하는 일도 한다.

이러한 민박의 사례로 일본 홋카이도의 팜인을 들 수 있다. 홋카이도는 유럽풍의 광활한 자연환경과 농업지대인데 농촌관광을 활성화하게 된 계기는 1988년부터 1997년까지 '제5기 홋카이도 종합개발계획'에 따라 각종 농촌자원(취미농원, 관광목장업, 삼림욕, 어업 등 해양성 레크리에이션)의 정비와 더불어 도시민들에게 체험학습과 체재학습 장소를 제공하고 있다. 이 지역은 일본의 민박형태 중 하나인 팜인(farm in)이 있으며 농가의 소득증대를 위한 시설로 주목받고 있다. 홋카이도의 민박시설은 대부분 1박당 5,000엔 정도의 시설이 많으며 저가격으로 장기체재가 가능하고 농가체험을 할 수 있을 뿐만 아니라 그 지역의 자연경치를 만끽할 수도 있다. 팜인 이케다라는 민박시설을 살펴보면, 민박료는 4,000엔이며 수용인원 10명, 특별실 2실을 갖추고 각 방마다 목욕탕, 화장실, 간이부엌 등이 있으며 합숙도 가능하다. 특히 가족동반의 여가활동지로 적합하며 7월에서 9월에 걸쳐 당근수확, 감자수확 체험과 더불어 각 수확물을 5kg까지 2,000엔에 구입할 수 있다. 특히 9월의 벼수확기에는 500엔으로 농업체험을 할 수 있으며 멜론수확도 가능하여 1kg에 1,000엔이며 11월 하순에서 12월 중순에 걸쳐 떡 만들기 체험도 하고 있다. 그리고 인접지역의 온천지는 자동차로 30분, 쥬스공장은 도보로 5분, 스키장은 자동차로 10분거리에 있어 농촌관광이 상당히 활성화되어 있다.

이와 같이 농촌주민이 제공하는 시설은 호화로운 숙박시설과 음식이 아니라 자연환경 속에서 저가격의 숙박시설을 이용한 장기체재가 가능하다. 농촌지역에 대한 도시민의 새로운 지식축적을 통해 체재지인 농촌지역주민과의 교류를 활발히 할 수 있을 뿐만 아니라 그 지역을 보다 깊이 이해하고 애착을 가지게 할 수 있다. 이처럼 농촌관광의 기능은 도시생활에서 벗어나 농촌지역에서 휴식을 취하고자 하는 사람들을 중심으로 도시와 농촌 간의 교류를 적극 추진하고 있다.

### 2) 농촌관광의 지역 진흥

농촌관광을 통한 지역진흥은 도시민이 농촌지역을 방문하여 지역의 관광자원을 소비하는 데서 비롯된다. 농촌지역은 농업생산기반을 중심으로 산천과 하천, 지역문화 등이 혼합되어 있는 곳으로, 자연적 시간의 흐름에 따라 일의 리듬과 생활시간이 구성된다. 도시인과 비교할 때, 하루 생활이 바쁘게 움직이는 것이 아니라 여유로우며 생명체에 대한 발견의 감동과 성장의 즐거움을 동시에 느낄 수 있는 농촌사회는 지역의 정착성이 강한 사회로 자연뿐만 아니라 지역문화 등의 관광자원도 상당히 많이 있다. 하지만 농촌사회는 젊은이의 유출과 고령화 사회로의 전환으로 인해 지역자체의 존립이 상당히 어려운 상황에 처해 있기 때문에 지역자원을 활용하여 지역진흥을 하는 데 있어 자생의 길을 선택해야 한다. 그 예로 좋은 토산품개발을 통해 관광객에게 이를 공급함으로써 지역을 유지 발전시킬 수 있는데, 이때 토산품은 금전을 그다지 들이지 않고 여행의 증거물로 선물할 수 있는 지역의 독특한 특산물이다. 이를 통해 해당지역에서의 지역토착산업을 육성하고 활용함으로써 특산품을 토산품으로 판매하는 일만이 아니라 그 산업시설의 견학과 체험관광의 장소로도 활용할 수 있어 관광자원으로서의 가치가 높다. 또한 지역에는 지역만이 가진 유명한 음식이 있는데 이를 개발하여 지역특유의 음식물을 제공하는 일도 중요하다. 이러한 효과와 더불어 그에 따른 간접적인 경제효과도 중시된다고 할 수 있다. 지역에서 유발된 개발이익을 지역에 환원시키기 위하여 가능한 한 지역기업에 의한 개발운영을 추진하며 부득이한 경우 외부기업의 일부 참가를 유도하여 현지법인화를 추진할 필요가 있다. 고용은 가능한 한 그 지역 내에서 조달하여 지역진흥을 극대화시키며 관광소비재 역시 지역 내에서 조달하는 시스템을 확립하고, 유통과정 개선, 지역산업 육성 및 확충, 원재료의 일괄적인 구입, 계약재배 등 운영시스템을 개선하여 지역의 농산물이 판매될 수 있는 방안을 강구해야 한다.

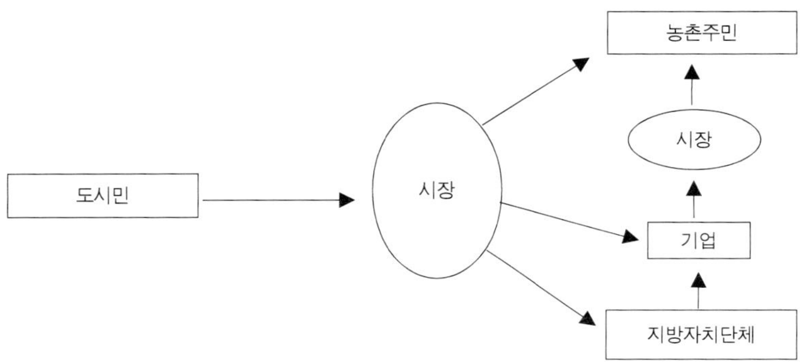


자료: 宮崎猛, 『グリーンツーリズムと日本の農村-環境保全による村づくり-』, 農林統計協会, 1997, p. 30.

〈그림 8-4〉 농촌관광에 의한 도시에서 농촌으로의 파급효과

이러한 지역진흥을 위해 다양한 형태의 관광진흥책이 유도될 수 있는데, 농촌지역생활체험, 지역의 특산물체험, 지역특유의 이벤트체험, 지역산업체험을 들 수 있다. 이러한 형태는 농업과 농촌의 다양한 기능을 활용하여 지역경제의 유지 및 발전에 기여하며 지역공동체 생활을 안정적으로 만들고 지역문화의 전승 및 발전에도 중요한 역할을 수행하고 있다.

먼저 농촌지역의 생활체험을 살펴보면, 민박에서의 숙박을 동반한

관광이 농촌관광의 한 유형으로 제시되는데 이는 농촌지역주민과 농촌지역사회를 이해하는 데 중요한 역할을 한다. 농업은 자연과 농민들의 생산활동을 통해 우리들에게 음식물을 제공하며 그 지역은 곡물과 가축을 생산하며 그 성과물로 노동의 즐거움과 희열을 동시에 느낄 수 있다. 농업 생산활동은 자연의 섭리를 겸허하게 따르며 노동의 대가로 수확의 성과물을 획득할 수 있어 특히 성장기의 청소년 정서 발달에도 도움이 된다. 이는 스스로 자연의 힘과 환경의 다양성, 생명 그 자체를 이해시킬 수 있기 때문에 농업체험은 많은 학습과 발견을 할 수 있으며 가족관계를 더욱 튼튼하게 하고 지역주민들과의 접촉을 통해 사회성을 배우는 역할도 한다. 이처럼 농업과 농촌생활에 밀착된 생활체험을 할 수 있다는 점이다. 이러한 예로, 경기도 포천지역의 교동마을을 사례로 제시하면 다음과 같다. 교동마을은 사과, 버섯, 일반농작물을 전업으로 경영하는 농촌마을로 지역의 특산품으로는 느타리, 표고, 더덕, 사과, 저농약 쌀이 있으며, 지역의 볼거리로는 한탄강의 레프팅, 안보관광(제3땅굴, 노동당사, 월정리역, 백마고지), 직탕폭포, 고석정, 횃불놀이 등의 관광자원이 있으며, 향토음식으로는 도토리냉면, 칡냉면, 도토리묵으로 일반음식점 수준의 비용으로 식사를 즐기며 지역의 농업과 농촌생활을 다양하게 체험할 수 있다. 특히 계절적인 체험내용으로 봄에는 씨앗파종, 산나물채취, 벚꽃축제의 체험이 가능하고, 여름에는 물고기잡기, 한탄강의 레프팅, 감자 · 옥수수 · 고추 등의 농산물 수확을 경험할 수 있으며, 가을에는 사과따기, 밤줍기, 고구마캐기, 벼베기를 체험할 수 있으며, 겨울에는 정월대보름놀이, 달맞이, 윷놀이, 횃불놀이의 전통적 놀이를 체험할 수 있다. 이러한 체험들은 워킹홀리데이와 농업과 농가생활체험에 밀착된 농촌관광의 효과라 할 수 있으며 오늘날 농업과 농촌의 유지 및 발전에도 상당히 중요하다고 할 수 있다.

둘째, 지역산물체험은 그 지역 특유의 생산물로 만들어진 것을 체험하는 것으로 그 지역의 정서를 반영하는 음식물체험 등이 있다. 이는 주민들에게 오랫동안 널리 애용되고 그 지방에서 육성된 향토요리로 관광객이 그것을 시식하면서 지방문화의 하나로 인식할 수 있다. 농촌관광을 즐기는 관광객의 입장에서 볼 때, 정서적으로 지방명소와 경승지로 대표되는 문화와 역사를 내포하는 향토요리는 지방색이 짙으며, 그 지역의 식문화를 인지할 수 있는 최고수준의 것으로 여행활동 중에 중요하다고 할 수 있다. 특히 지역주민들은 향토요리가 자신들이 소속된 지역의 향토성을 반영하고 있기 때문에 향토생활의 결집체라 할 수 있으며, 살아 있는 향토예술의 걸작품으로 이해하려는 자세가 확고하게 됨으로써 향토애를 더욱 육성할 수 있다. 농촌지역주민의 향토애와 상당히 중요시되는 지방문화는 지역활성화와 연관이 많으며 그 지역 향토요리의 맛, 색깔, 향기를 통해 지역적으로 특성화될 수 있다.

셋째, 지역 특유의 이벤트체험을 들 수 있는데, 이벤트는 그 지역의 문화, 산업, 역사, 예술, 종교 등을 가미한 것으로 지역진흥에 있어 상당히 중요시된다. 특히 이벤트는 ① 어떻게 하면 관광객의 이목을 집중시킬 수 있는지와, ② 지역의 이미지 상승, ② 지역문화 발굴과 보호사상의 고취, ③ 지역산업 육성과 개발, ④ 지역주민의 화합과 생활향상, 향토의식 고취 등을 위한 이벤트의 역할이 기대된다. 이러한 이벤트 개최는 관광지의 다양한 소비지출을 유발하며 지역의 관련기업에 직접적인 영향을 미칠 뿐만 아니라 지역주민에게도 확대되어 경제적 파급효과를 증대시킬 수 있다. 그리고 관광객이 토산품을 구입하고 향토요리 등을 시식함으로써 향토민예품과 특산물 등의 중요성이 새롭게 인식되고 전통예술과 지역특유산업 등의 진흥을 비롯하여 지역의 종합적인 진흥을 가져올 수 있다. 이러한 이벤트는 관광객으로 방문하는 도시민과 지역주민의 다양한 교류체계 확립이라는 측면에서 상당히 중요시된다. 특히 현대의 정보기술 혁신은 농촌생활에 대한 동경심을 가지고 있는 도시민과 지역주민이 자발적으로 참여하여 도시와 농촌의 광역적 교류를 유발시키고, 이러한 네트워크는 지역의 관광진흥을 추진하는 데 중요한 일익을 담당한다고 볼 수 있다. 실제 농업에 참여하는 신규참여자로서의 도시민은 고령화와 인구감소로 고심하고 있는 지역에 연중행사와 전통문화 활동의 중심적 담당자로서 활약할 수 있으며, 지역 내의 각종 이벤트에 아이디어를 제공하며 기획하기도 하는 귀중한 존재가 되고 있다. 특히 이러한 지역 특유의 이벤트는 자연자원과 더불어 역사문화 유산과 민속 등이 복합적으로 형성되어 표현되는 경우가 많은데 축제와 다른 지역의 문화적 이벤트관광, 유적지의 방문, 자연과 민속탐방의 여행, 조상들의 묘지방문과 같이 기본적으로 문화적 동기에 의한 사람들의 이동을 가능하게 한다. 이러한 점에서 농촌관광을 통한 이벤트 체험이란, 지역에 존재하는 문화를 중심으로 이벤트를 상품화하고 지역 특유의 축제 등이 지역사회의 이벤트로서 상품이 되어 시장에 유통, 진흥되는 소비적 이벤트로 변화되는 것을 의미한다. 하지만 이러한 지역진흥의 방향으로 인해 그 지역에 산재하는 고유한 이벤트가 유지 및 존속되는 역할도 담당하고 있으며 그 지역의 지명도, 매력, 장점을 단기적 또는 장기적으로 증가시키기 위하여 개발되어 일정한 개최기간에 일회성 또는 반복적인 장기성의 이벤트가 된다. 따라서 이벤트체험의 성공 여부는 도시민인 관광객의 관심을 얼마나 많이 증대시키며 주목을 끄는지의 여부에 달려 있으며 독창성과 인기 등이 중요한 내용이 된다.

넷째, 지역산업체험으로 이는 그 지역만이 가지고 있는 독특한 산업을 시찰하는 것이며 직접적인 체험과 간접적인 체험으로 구분하여 고찰할 수 있다. 직접적인 체험으로는 ① 공장 내의 시찰 · 견학, ② 제조공정에의 참가, ③ 지역특산품의 생산품 시식 · 시음과 선물용으로 구입, ④ 기술 · 기능의 실습과 지도, ⑤ 실험, 실습의 장소, ⑥

PR과 판매를 위한 기획이벤트로 활용하는 것 등이 있다. 한편으로 지역산업이 관광자원으로 이용되는 간접적인 경우가 있는데 이는 ① 관광지에 접근하는 경우 관광지 방문객에게 기업 내의 '녹색광장'이나 '자료실' 등을 관람시키는 일, ② 마을 내와 인접한 사찰 등 축제행사에 기업단체가 참가하고 즐기는 경우, ③ 지역스포츠축제, 산업축제, 문화축제 등에 적극적으로 참가하고 지역과의 교류를 하는 일 등이다. 이러한 활동은 지역과의 공존 속에서 기업의 새로운 장래성을 개발하려는 노력으로 볼 수 있는데 특히 경기가 불황일 때는 지역주민의 따뜻한 원조와 협력을 얻는 것이 필요하다. 이를 통해 상호신뢰와 공동작업을 가능하게 하고 지역종합발전의 목표를 더욱 명확히 실행할 수 있다. 그리고 이는 지역산업을 견학한 이들에 의해서 방문기념으로 토산품이 판매될 수 있는데, 토산품의 구매자가 많은 이유는 '관광과 토산품'이라는 일체적인 관계가 형성되기 때문이다 한편 관광객이 여행지에서 구입하는 물품은 증정품이기 때문에 고급품이거나 고가품만을 고집하지 않아도 되며 지역적 정서가 담긴 먹거리상품, 조각품 등을 구입하게 된다. 하지만 토산품이 나쁜 인상(예를 들면 과잉포장, 과대표시 등)을 유발시키는 경우도 있는데 이는 '토산품'의 고급화를 어렵게 만드는 요인이 되기도 한다. 또한 토산품의 크기, 형태, 선도 그리고 섬세도 등을 비롯하여 '토산품'으로 구입하여 이동시키는 데 있어 '무겁다' '크다' '깨지기 쉽다' '부패하기 쉽다' 등과 같은 마이너스적인 면이 있어 구입의욕에 영향을 미치는 경우도 있다. 하지만 지역특유산업을 토산품으로 제조하는 토산품 전문업체가 기본적으로 새로이 인식해야 할 부문은 우리나라 국민의 관광대중화가 성숙되고 있으며 특히 이동수단 면에서 자동차문화가 더욱 정착되고 있기에 토산품에 대한 새로운 방향모색을 강구할 시기가 되었다는 점이다.

| Chapter 9 |

# 리조트지 개발

## 1. 리조트 개발의 성격

### 1) 여가활동과 리조트의 의미

우리들이 즐기는 여가활동에는 관광, 레크리에이션, 리조트를 포함하고 있다. 관광은 지역에서 중요시되는 문화 및 자연을 보는 활동으로 대다수 국민이 국내외를 막론하고 스스로 관심이 있는 관광지를 보고 나면 한번 보았기 때문에 재차 방문하지 않아도 되는 경우가 있다. 반대로 보는 관광활동에 흥미를 갖지 않는 젊은이를 중심으로 관광만이 아니라 자신의 몸을 움직여서 즐거움을 얻는 욕구가 강하게 작용하게 되는데 이를 '관광'이라고 표현하지 않고 '관광·레크리에이션'이라고 표현한다. 또한 주유관광의 경우는 일반적으로 시간에 쫓기는 경우가 허다하기 때문에 이를 피하여 마음에 드는 지역에서 천천히 즐기고자 하는 사고에서 시간에 허덕되지 않는 체재형의 여행으로서 리조트가 정착되고 있다. 따라서 리조트는 관광지 중에서도 체재 또는 재방문의 가능성이 높은 보양지로 노동 및 일상의 의무적·구속적인 활동에서 심신이 해방된 사람들이 ①재차 방문하고, ②일정기간 체재하고, ③자기실현 향상을 위해 스포츠, 레크리에이션, 교양문화활동 등의 여가활동을 적극적으로 즐기기도 하고,

④비일상적인 공간(장소, 환경)을 의미한다. 재차 방문하는 장기체재형의 장소로서 기분전환을 위한 공간을 어떻게 제공할 것인가는 중요하며 무엇보다 리조트 참가자의 소득수준이 증가되고 교통조건 개선, 자동차 보급 등에 의해서 여행에 익숙한 사람이 증가하고 있다는 점에서 리조트 제공은 새로운 과제로 대두되고 있다.

### 2) 리조트 개발의 유형

서구사회를 중심으로 리조트 개발이 시작되었는데 영국에 있어 19세기 중반의 해변리조트개발, 미국의 대공항 이전에 개발된 초호화 시설형 리조트개발과 같이 세계대다수 선진국사회에서 부를 축적한 국가들에서 거품경제가 없어지기 전에 리조트 개발 붐이 토지투기열과 더불어 진행되었다. 무역흑자의 증대와 더불어 자본지향형의 토지투기 열이 발생하고 초호화판의 리조트는 영국사회에서 여가활동계급이라 할 수 있는 왕후귀족의 여가스타일을 모방한 부유층, 그리고 이를 모방하는 중산층들의 리조트에 대한 관심이 고조되었다. 미국사회에서는 영국모델의 골프, 요트 등 사교계의 동경이라 할 수 있는 유한계급의 레저활동을 부유층에서 중산층, 서민층으로 모방되어가는 과정에서 호화판 리조트에의 관심이 상당히 높았다. 물론 우리나라에서도 서구사회의 모델이 동경의 대상이 된 리조트 개발이 상당히 많았다. 이러한 사회적 분위기를 의미하는 리조트 개발을 그 유형에 따라서 구분하여 보면 동경형 리조트와  회귀형 리조트가 있다.

우선 동경형 리조트는 소속된 계급과 계층보다 한 단계 위의 생활문화를 모방하는 상승지향의 리조트로써 현재 우리나라에 알려진 대다수 리조트는 동경형으로 고급지향의 리조트가 대부분이다. 리조트 도입시기에는 그 지역주민과 방문객 사이의 커뮤니티 문제가 발생하고 있으나 리조트가 대중화되고 문화가 형성됨에 따라 사람들이 모

이는 도시로 발전한 사례가 있다.

회귀형 리조트는 공업문명과 도시문명이 지니고 있는 과제를 타파하고 새로이 인간생활을 주제로 하여 전원생활을 만끽하고 대자연으로 사람들이 회귀하려는 리조트를 의미한다. 그리고 홈스테이 등의 형태로 자연 속에서 식사를 즐기며 생활의 지혜, 계절감을 느끼며 동물과 접하기도 하는 등 도시생활에서는 느낄 수 없는 사람들이 잃어 버린 경험을 기반으로 하는 리조트라 할 수 있다. 이러한 유형은 우리나라보다 먼저 미국과 유럽, 일본을 중심으로 발전하고 있으며 선진국 사회에서는 이미 많은 방문객을 맞이하고 있다. 이러한 유형은 우리나라에서 농촌관광이라는 내용으로 소개되고 있으며 자연환경을 보전하면서 지역자원을 활용한 지역주도에 의한 지역경제 순환을 고려한 적정요금의 제재지역이라고 할 수 있다.

〈표 9-1〉 리조트와 일반관광지의 차이

| 구 분 | 리조트 | 일반관광지 |
|---|---|---|
| 방문목적 | 휴양, 레포츠, 요양 | 탐방, 구경, 방문 |
| 체류여부 | 체류형 | 경유형 |
| 입지여건 | 자연성, 다기능성, 휴양성 등이 가능한 지역 | 명승고적, 역사, 문화보유지, 자연관광자원지역 |
| 주요시설 | 물리적 개발을 통한 시설 위주(휴양, 운동, 위락시설등의 복합적 기능) | 자연적 관광자원, 문화적 관광자원 위주 |
| 숙박시설 | 다양한 유형이 있음 | 없거나 소규모임 |
| 재방문여부 | 자발적 재방문 | 재방문 미약 |

〈표 9-2〉 리조트의 개발방식

| 구 분 | 개 념 | 개발주체 | 특 징 |
|---|---|---|---|
| 민간개발 | 순수민간자본에 의해 개발되는 리조트 | 기업 | 자본과 기술력이 앞서며 신속한 추진력이 있으나 사업성을 전제로 하며 인허가 절차상의 어려움이 있음 |
| 공공개발 | 공공성을 목적으로 공공자본에 의해 개발되는 리조트 | 국가, 지방자치단체, 공익기관등 | 공익성이 우선이며 신뢰성이 있지만 자본과 기술력의 한계가 있음 |
| 민관합동개발 | 민간의 자본과 기술력에 공공기관의 공익성과 신뢰성을 가미한 리조트 | 민관 합동 개발 | 민간개발과 공공개발의 단점을 상호보완하고 장점을 배가함, 단 방향과 목적차이를 노출할 수 있음 |

## 2. 리조트 개발의 현실

### 1) 리조트 개발의 포인트

역사적으로 리조트은 특수계층을 지향한 시설만들기를 중심으로 개발하였으나 대다수의 리조트지역은 관광객의 욕구 변화와 더불어 이용가치가 없는 리조트지가 되고 있다. 대량의 사람들이 리조트지를 방문하는 시설중심의 개발로부터 지역주민이 그곳에 있으면서 건전하게 공통된 의식을 가질 수 있는 지역조성이 가장 중요하다. 현실적으로 단기적인 관점에서 리조트지 계획을 작성한다면 매력이 넘치는 곳으로의 발전은 어렵기 때문에 계획의 단계에서부터 단기적인 계획과 장기적인 계획을 명확하게 구분하여 이를 어떻게 통합시킬 것인가에 대한 명확한 시나리오를 작성하는 것이 중요하며 계획단계에서부터 케치프레이와 닉네임을 붙여서 리조트지를 명확하게 인지시키는 것이 바람직할 것이다. 무엇보다 리조트를 조성하는데 있어 계획적인 개발이 중요한데 이는 무질서한 개발을 회피하고 관광자원의 특성을 고려한 계획적인 개발을 위하여 리조트지역의 토지이용계획을 면밀하게 검토할 필요가 있다. 이와 더불어 리조트지역에는 그 지역의 주민이 생활하는 터전으로 리조트지역의 보존·개발과 더불어 지역의 미래를 이미지할 수 있는 방침이 설정된다면 보다 실효성있는 계획이 될 수 있다. 특히 리조트지역의 토지이용에 있어 지역주민이 이해할 수 있는 활용방안을 명확하게 만들 필요가 있으며 여유를 가지고 다양한 토론을 하면서 바람직한 방향 설정을 할 필요가 있다.

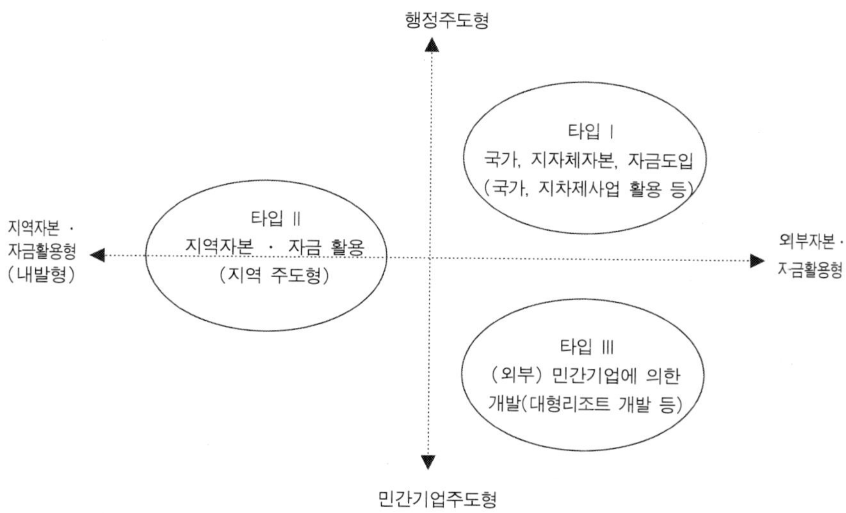


자료: 西岡久雄, 『観光と地域開発』, 内外出版, 1996, p.99.

〈그림 9-1〉 리조트 개발의 방식

이를 위하여 사업주체의 선정은 매우 중요하며 리조트 개발의 특성상, 공공부문이 담당하여야 할 역할이 중시되고 있다. 민간기업이 중심이 된 리조트 개발에서 공통된 특징으로 보여지는 현상은 기업의 투자가치를 높이기 위하여 특정의 고급시설을 중심으로 한 개발을 하기 때문에 가격이 비싸며 자연환경과 국민대중을 위한 리조트 개발 등에 대한 배려가 결여되는 경우가 허다하여 공공부문은 어떠한 업무를 수행하여야 하는가에 대한 의문이 제기되기도 한다. 말하자면 리조트 개발은 그 지역이 지니고 있는 자연과 문화를 개발대상으로 하기 때문에 그로부터 파생하는 경제적, 사회적으로 부정적인 악영향을 축소하기 위하여 강력한 권한을 가진 공공부문을 중심으로 공적·사적 기업을 참가시키는 제3섹터 방식 도입이 새로운 리조트 개발의 하나로 대두되고 있다. 제3섹터 도입의 목적은 공적 및 사적 부문의 상호보완에 의한 기능을 종합하고 리조트 개발에 따른 부(負)의 효과를 최소한으로 축소시키면서 정(正)의 효과를 최대한으로 확대시켜서 리조트 개발을 통한 지역 활성화를 만드는데 있다. 이를 통한 리조트지 조성에 있어 그 지역이 가진 특성과 더불어 기존산업을 고려하면서 그 지역자원이 가진 장점을 활용하는 균형있는 리조트 개발을 추진한다는 점이며 기반시설조성에 있어 지방자치단체가 중심이 되며 민간기업의 투자와 시설을 유치하는 것이 급선무라 할 수 있다. 왜냐하면 리조트개발은 항상 자연환경과 조화를 조성하면서 국민생활, 환경, 국토보전 등 공공성 내용을 재확인할 필요가 있는데 민간주도의 특정계층을 위한 리조트 개발이 아니라 정부의 공적 원조와 지원 아래 국민 대다수를 차지하는 중산층을 대상으로 한 공공리조트 중심의 자연보전형과 주민참가형 리조트지로 전환시킬 필요가 있다. 무엇보다 공적부문은 리조트지로의 접근을 위한 도로, 항만, 공항시설 등의 공공시설 정비를 비롯하여 관광지의 지가(地價) 대책, 상하수도, 쓰레기대책 등의 공공적 업무를 충실히 이행하는데 있다. 말하자면 민간사업자의 리조트 개발 참가를 부정하는 것이 아니라 그 개발을 실시하는 데 있어 최소한 관광지의 종합적인 개발계획과 지가규제(동결) 등의 조치를 통하여 무자비한 개발로부터 자연환경과 생활환경을 보존하고 공공부문과 민간부문의 역할분담을 명확히 하여 누구나 언제라도 필요할 때 심신회복을 할 수 있는 리조트 개발을 정부가 책임을 지고 정비한다는 데 있다. 따라서 리조트 지역에서의 체재를 위한 정부의 공적 숙박시설 건설 및 개입은 바람직하며 사기업의 진출이 곤란하다고 간주되는 저렴한 가격의 숙박시설과 레크리에이션 시설에도 적극적으로 개입하여 일반대중이 즐길 수 있는 리조트를 개발할 필요가 있다.

### 2) 리조트 개발의 문제점

리조트 개발은 대량의 관광객들이 체재하면서 재방문할 수 있는 대규모의 시설중심 개발을 추진한 결과, 다양한 문제점이 있는데 이를 정리하면 다음과 같다.

① 비용부담이 높은 시설중심의 리조트 개발

고가격의 비용을 부담하여야 하는 고급 시설중심의 리조트는 독신자의 경우 비교적 리조트 생활을 즐길 수 있으나 미성년자인 어린이가 있는 가족 등은 비용부담면에서 리조트 생활을 즐기기가 쉽지 않다. 특히 우리나라에 있어 주5일 근무제, 유급휴가제도가 확실하게 정착되고 있는 현실에서 1년에 적어도 한번쯤은 가족이 모여서 1주일 정도 체재하는 리조트 스타일을 정착시킬 필요가 있으나 급격한 소득의 증가를 기대할 수 없다는 점에서 저렴한 시설로 다양한 활동을 즐기는 국민의 리조트 수요를 어떻게 충족시킬 것인가의 문제가 발생한다.

② 지역진흥에의 기대

리조트 개발을 통한 지역에의 파급효과는 비싼 비용의 시설중심 리조트로 만들어 지고 있기 때문에 지역진흥을 시키는데 어려운 점이 많다. 먼저 리조트 개발을 통하여 지역고용을 유발시켜야 하지만 지역의 과소화가 진전되고 있는 현실에서 리조트 시설을 만든다고 할지라도 그 지역에서는 극히 일부만이 고용되기 때문에 주변지역과 대도시로부터 사람을 고용하는 경우가 허다하여 문제점이 지적된다. 또한 연수 등의 종업원교육 시스템을 가지고 있지 않으며 접객이외의 비숙련노동부문을 지역주민들이 담당하는 경우가 많기 때문에 매력적인 직장이라고 할 수 없으며 젊은이의 지역정착을 기대하기도 힘든 상황이다. 또한 경제효과를 유발시키기 위해서는 그 지역의 특산품을 우선적으로 조달하여야 하지만 생각한 만큼의 효과를 얻을 수 없다는데 있다. 그 이유는 리조트 시설에서 요구되어지는 소량다품목 생산품을 그 지역이 항상 공급한다는 것은 현실적으로 어렵기 때문에 지역의 관광기업이 식료품과 토산품을 적정하게 공급한다는 것은 어려운 실정이다. 이와 더불어 리조트 업자가 요구하는 상품의 수준과 공급력과의 차이가 발생하기 때문에 사업자 측이 지역진흥에 기여하려는 철학이 결여되어 있는 경우에는 리조트 시설이 지역진흥에 미치는 역할이 한정된다고 할 수 있다.

③ 대규모 인공적 관광시설 건설과 리조트 활동

대규모 위락시설의 정비, 골프장과 스키장 등의 스포츠시설, 관광도로 등의 인프라 정비에 의한 자연경관 및 생태계의 파괴, 관광지화에 따른 토지가격의 상승과 일조권 문제, 무질서하고 무계획적인 개발에 따른 역사 및 문화 유적지 등의 파괴가 발생한다.

또한 리조트지역내의 관광객 집중으로 인한 문제점도 지적할 수 있는데 방문객의 과잉욕구 충족으로 인한 자연생태계에의 영향과 유적지 및 역사적 건축물 등 문화유산 파괴, 전통지역 문화에의 변용, 지역에 존재하는 문화적 규범을 무시한 무례한 행동에 의한 문화마찰, 물가상승, 교통체증 및 사고의 발생, 차량증가와 배기가스로 인한 환경오염, 치안악화, 공중위생상의 문제 등을 발생시킬 수 있다. 이와 더불어 숙박시설, 음식시설 등으로부터 물과 에너지의 과잉소비, 음식재료의 낭비와 일회용 용기 및 식기의 사용 등으로 인해서 자원낭비와 폐기물 증대, 배수에 의한 수질오염 등의 문제점을 야기시킬 수 있다.

## 3. 리조트 개발의 사례

### 1) 우리나라 리조트 개발의 사례

우리나라 리조트개발의 특징은 도심지와 근거리에 있으면서 주로 시민들의 복지를 증진시킬 수 있는 곳에 오락과 휴양시설을 갖춘 지역으로 리조트지에 설치할 수 있는 시설은 유희시설, 운동시설, 휴양시설, 특수시설, 편익 및 관리시설, 기타 시설 등이 있다. 우리나라의 경우는 1973년 경주보문단지개발, 1978년 제주중문단지개발에서 보여지는 바와 같이 외국인 관광객 유치를 통한 관광투자와 관광소비 촉진을 유도하기 위하여 국가적 프로젝트로 추진하였으며 우리나라 국민들의 경제적 여건과 여가시간의 증대와 더불어 리조트 개발이 상당히 활발하게 전개되고 있다.

우리나라의 대표적인 문화관광을 테마로 한 리조트지인 경주보문단지의 개발과정을 열거하면 다음과 같다. 경주시가지에서 동쪽으로 약 5킬로미터 떨어져 있는 보문호 일대를 국제수준의 종합리조트지로 개발하고 경주시내에 널리 퍼져 있는 유적물을 14군데의 문화유적지로 종합적으로 개발한다는 기본구상에 따라 개발하게 된다. 1971년 박정희 대통령이 경주국제관광도시개발을 주창한 이후, 경주 개발 10개년계획이 확정되고 1974년에는 세계은행으로부터 2,500만 달러의 차관을 들여 왔으며 이곳을 관리하기 위하여 경주관광개발공사를 설립하게 되어 현재와 같은 리조트지역으로 탈바꿈하게 된다. 무엇보다 경주보문관광단지에 있어 구체적인 토지이용계획으로는 경주를 문화관광지로 조성하고 고도경주에 있는 신라시대의 문화재 보전 및 발굴사업과 더불어 경주관광종합개발사업을 실시하게 된다. 이 단지의 면적은 10.68킬로미터이며 그 개발면적은 6.84킬로미터이었다. 이 지역내의 주요시설계획을 보면 숙박시설(관광호텔, 국민호텔, 콘도미니엄, 고급여관 등), 상업시설, 운동오락시설, 골프장, 관광센터, 유원지인 경주월드, 관광교육원 등이 있다. 무엇보다 경주보문관광단지의 특징은 경주를 토지이용계획에 따라서 문화유적지와 관광시설지역으로 명확하게 구분한 리조트 개발을 하였으며 공적기관인 경주관광개발공사가 숙박시설, 상업시설, 운동오락시설과 같은 관광시설물을 계획적으로 구분하여 기반시설조성을 하고 나서 민간기업에 분양하였다는 점이다.

### 2) 일본 리조트 개발의 사례

일본의 여가시대 도래는 정책적으로나 국민생활에서나 기업에 있어서도 중요한 의미를 가진다. 일본의 경우는 노동을 중요한 덕으로 고려하는 사고를 가지고 있기에 체재형 여가활동에 대한 사람들의 인식은 낮은 편이며 무엇보다 1980년대 후반 정부가 기업경영의 산업구조 전환방편으로 리조트 개발을 이용하여 지역의 과소화 문제해결과 지역경제 재건과 인구유출을 억제하면서 새로운 산업기반 형성을 도모할 필요성이 생겨나 지방자치단체는 지역의 진흥 또는 지역

활성화에 대한 필요성이 중요한 정책적 과제로 대두되었다. 따라서 지역부흥은 지역만들기라는 슬로건 아래 그 지역발전을 위한 움직임이 활성화되었는데 그 지역의 리조트 개발은 지역의 우수성을 발휘할 수 있는 양호한 자연조건, 지역의 전통문화를 활용하기 때문에 대다수 지방자치단체는 새로운 지역개발 정책에 하나로 기대를 걸게 되었다.

일본에서 리조트가 장래성이 있는 여가시장으로 중요시되는 계기는 일본경제가 가진 중공업형 산업의 구조적 불황을 개선하고 리조트 개발을 통하여 지역활성화를 요구하는 움직임이 1987년 종합보양지역정비법 및 제4차 전국종합개발계획 성립과 더불어 더욱 촉진되고 전국적으로 발전하게 된다.

일본의 종합보양지역정비법(리조트법)의 주요내용을 정리하면 세금·재정상의 특례조치와 관련된 것으로 제8조 과세특례가 있는데 특정 민간시설을 조세특별조치법에 따라 특별상각을 인정하고 있다. 또한 제9조 지방세의 불균형 과세 조치는 지방공공단체가 특정 민간시설에 대하여 부동산 취득과세 또는 고정자산세의 불균형 과세를 실시하는 경우에 세액 감소분의 일정부분을 지방교부세로 보충한다. 제10조는 자금확보와 관련된 법으로 자금확보를 위하여 국가와 지방공공단체는 특정 민간시설의 설치를 위한 토지취득 또는 조성에 필요한 경비에 대한 자금확보를 하고 있다. 공공시설 정비와 관련된 제11조 공공시설 정비는 국가와 지방공공단체가 도로와 하수도, 공원 등 공공시설 정비를 촉진하여야 하며 행정수속의 운용과 관련된 제12조 국가 등 원조는 국가와 지방공공단체가 특정 민간시설의 조치 및 그 운영에 대하여 필요한 조언·지도·기타 원조를 실시하며, 제13조 지방공공단체의 조성 등은 민간사업자의 출자, 원조 등 조성을 할 수 있으며 그 때 필요한 지방채에 대해 특별조치를 실시한다. 제14조 농지법 등의 처분에 관한 배려는 농지법, 그 외 법률규정에 의한 허가, 기타 처분에 대한 배려를 하고, 제15조 국가소유의 임야활용 등은 국가소유의 임야 및 항만 이용 등에 대한 배려를 한다는데 있다. 이상의 대부분은 민간사업자에 대한 지원·규제완화 조치로 지방자치단체의 지원조치는 있으나 그 지역에 직접적인 장점이 되지 않고 있다. 이는 민간사업자가 리조트 개발을 조성하기 쉽도록 하기 위한 지방자치 단체의 지원조치가 중심이기 때문이다.

| Chapter 10 |

# 레저 · 스포츠 관광지 개발

## 1. 레저·스포츠 관광지 개발

### 1) 레저·스포츠의 의미와 정의

일반적으로 스포츠, 체육, 레저를 엄밀하게 구분하는 경우가 있는데 체육이란 몸을 단련시키는 교육활동이며 레저는 즐거움을 의하여 몸을 움직이는 행동으로 이 양자 사이를 스포츠라고 지칭하고 있다. 현재는 체육에서 레저활동을 포함하여 스포츠활동이라고 말하는 경우가 대다수이다. 관광은 우리들이 거주하는 일상생활로부터 벗어나 여행을 동반하는 레저라고 할 수 있으나 스포츠는 일상적인 생활지역과 그 이외의 지역에서 활동이 가능하도록 즐겁게 몸을 움직이는 레저라는 점이다.

〈표 10-1〉 레저의 개념과 구성요소

| 구분 | 내용 |
|---|---|
| 레저개념 | 여가의 영역내에서 발생하는 자발적인 여가활동<br>(순수관광과 가정 밖 여가활동을 총칭하는 개념) |
| 구성요소 | · 여가 시간에 발생<br>· 집을 떠나 일어남(가정 밖 여가활동)<br>· 참가의 주된 목적이 의식주문제 해결이 아님<br>· 자발적으로 결정된 행동<br>· 육체적 정신적인 면에서 재충전 가능<br>· 적극적으로 참여를 요구하는 활동 |

자유시간 중의 활동에는 레저, 레크리에이션, 놀이 등과 같은 다양한 개념이 있다. 그러나 스포츠는 프로선수와 같이 직업적인 의미 이외에 레저활동 중의 신체활동을 동반하는 활동의 한 영역이라고 할 수 있다. 여기서 말하는 레저·스포츠는 개인이 여가시간을 보내는 것으로 자발적이고 자주적인 활동의 영역이며 금전적으로나 물질적으로 어떤 보상을 원하지 않고 즐기기 위한 사회적·심리적인 어떤 가치의 행동을 의미한다. 스포츠활동을 중심으로 하는 관광지를 스포츠 관광지라고 하는데 대표적인 스포츠 관광지의 하나로 스키장인 경우가 많으며 테니스, 골프 등을 중심으로 하는 곳도 있다.

#### 2) 스포츠 관광지

오늘날 스포츠 관광지로 각광을 받고 있는 곳은 스키장과 해수욕장을 비롯하여 특히 골프에 대한 관심이 높아 시설개발도 활발하다. 원래 관광을 목적으로 한 관광시설이 아니라 사람들의 스포츠를 위한 시설로 개발되었으나 점차로 관광적인 의미가 부각되어 스포츠 관광지로 변화하게 되었다. 한편으로는 기존 관광지의 이용촉진을 위하여 스포츠시설로 만들기도 하였는데 특히 스포츠시설의 개발과 방문객을 투숙시키기 위한 민박이 등장하게 되었다. 이처럼 관광객들은 스포츠를 지향하는 경향이 강하고 여행에서 비일상적인 공간을 체험하기 위한 욕구의 증가와 더불어 스포츠 관광지가 관광의 형태로 정착하고 있다.

무엇보다 리조트지역은 숙박을 동반하는 체재활동을 중심으로 한다는 점에서 골프, 스키, 마린스포츠 등이 스포츠 관광지로 개발되어 새로이 관광지로서 각광을 받고 있다. 이처럼 스포츠시설을 통하여 체재기간의 연장이 가능하나 스포츠 관광지가 아니더라도 관광지에서 스포츠시설을 갖추고 있는 곳이 늘어나고 있으며 스포츠시설 그 자체가 관광자원인 경우, 이를 스포츠 관광지라 할 수 있으나 부속시설로서 설치하고 있는 관광지도 많으며 어떤 경우는 부속시설물과 같은 경우도 있다. 하지만 스포츠시설은 그 지역이 가지고 있는 자연환경과 조화가 되지 않는 경우 자연환경 파괴와 같은 역효과를 만들어 내기도 한다.

## 2. 레저·스포츠관광지 개발

### 1) 스포츠레저의 동향

최근 젊은이들을 중심으로 남성은 행글라이더, 스쿠버다이빙, 윈드서핑, 여성은 승마, 에어로빅 등 매우 새로운 스포츠가 등장하고 있다. 중장년층은 골프를 즐기는 인구가 증가추세에 있으며 고령자를 중심으로 게이트볼도 등장하고 있다. 앞으로 관광행동은 자연지향, 건강지향과 연관된 잠재수요층을 고려하면 자연환경이 풍부한 지역에서의 스포츠 관광지가 활발할 것으로 기대된다. 게다가 고령화사회로 접어든 우리나라는 스포츠활동 수요, 주부가 가사 등으로부터 해방된 시간을 가지게 되어 스포츠 관광지에서의 스포츠 수요에 대한 동향이 주시되고 있다.

### 2) 스포츠 관광지 개발

스포츠 관광지를 개발하는 데 있어 몇 가지 고려사항이 있다. 먼저 현대 스포츠레저의 동향과 도입하여야 할 스포츠 종목을 선택하여야 하는데 이는 사람들의 스포츠 수요와 공급과의 관계를 말한다. 그래서 스포츠 참가인구의 현황과 동향을 면밀하게 검토할 필요가 있는데 스포츠를 즐기는 경향이 높다고 할지라도 앞으로 어떠한 것이 신장세를 보일 것인가를 결정하는 데 있어 다양한 요소들을 종합적으로 판단하여 사업전략을 구상할 필요가 있다. 이를 위하여 개발하고자 하는 스포츠와 기타 관련스포츠를 명확하게 구분하고 지역스포츠 동향도 고려할 필요가 있는데 예를 들면 축구가 번창한 지역에서는 축구를 도입종목으로 선택하는 것도 중요하다.

다음으로 스포츠시설 설치의 적당한 장소선택의 문제이다. 스포츠시설은 경우에 따라서 대규모의 면적을 필요로 하는 곳도 있기 때문에 자연과 지역조건 외에 토지이용규제를 충분히 검토할 필요가 있으며 무엇보다 스포츠 개발에는 토양, 토질 외에 풍향, 일조시간, 적설량 등의 적지조건 조사를 충분히 할 필요가 있다. 이처럼 스포츠관광지를 개발하는 이유는 관광지내 새로운 매력물의 하나를 만드는데도 의의가 있으나 사람들을 고용하고, 소득원을 창출해 내고 기타 산업에의 파급효과도 고려되기 때문에 관광지에서의 스포츠 도입은 다양한 파급효과를 가져온다. 이와 더불어 체제시간을 연장하게 되어 관광지에서의 소비를 증가시킬 수 있으며 스포츠시설 및 그 부대시설, 더욱이 체류·체재시설 등의 정비효과도 가져 온다.

이러한 스포츠의 도입으로 인한 관광객 효과는 자연이 풍부한 곳 등 보다 환경이 훌륭한 곳에서의 스포츠 활동을 즐기기도 하고, 스포츠를 즐긴 후 기분좋게 휴식을 취할 수 있는 환경(온천, 휴양 등)을 갖추고 있으며 또한 동일한 취미를 가진 스포츠 맨들이 모이는 관계로 경제 및 사회문화적 파급효과를 가져 온다.

## 3. 레저·스포츠 관광지 개발 사례

### 1) 스키장

스키는 현재 많은 사람들이 이용하는 대중스포츠로 새로운 관광지의 하나로서도 자리잡고 있다. 스키장의 입지조건으로 인구가 집중되어 있는 곳으로부터 3~4시간 이내의 권역으로 하며 가능한 경우 고속도로톨게이트 부근에서 가까운 곳으로 자동차에 의한 이동이 용이한 곳이여야 한다. 아울러 스키의 대중화를 고려할 경우에 대중교통수단으로의 이동이 용이한 곳을 선택하는 것도 장기적인 시야에서 중요하다고 할 수 있다. 스키장 경영은 연간 120일 정도의 영업이 필요한 곳으로 적설량이 부족한 곳은 인공적설기의 도입과 인공골주면을 확보하여 기상조건의 영향을 보완하기도 한다. 현재 스키시장은 젊은층이 증가하고 있는 추세이며 스키는 일반대중이 선호하는 겨울스포츠로 패션과 같이 즐길 수 있는 곳이기도 하다. 이러한 시대적 흐름에 따라 스키는 레저·스포츠화로 발전하고 있으며 스키장의 다양화가 진척되고 있다. 이와 더불어 리프트의 고속화, 규모의 확장과 더불어 훌륭한 리조트호텔이 건설되고 있으며 대자연의 자원을 활용하는 유형이 있으며 소비입지형이 대다수를 차지하고 있다. 따라서 스키장은 점차로 숙박시설이 좋은 곳이 선망의 대상이 된다고 할 수 있다. 무엇보다 스키장 주변의 건물들은 화려한 곳이 많으나 자연경관을 훼손하는 경우도 있기 때문에 스키는 자연 속에서 즐기는 것으로 전환할 필요가 있으며 우리나라가 고령화사회로 전환되고 있어 중장년층이 즐길 수 있는 시설이미지를 만드는 것도 중요하다.

### 2) 테니스

테니스의 경우는 특성화된 스포츠 관광지에서 즐기는 경우도 많다. 학생이나 일반의 테니스단체들이 합숙소를 이용하기도 하여 일상생활에서의 테니스 붐을 상승시키고 있으며 급속하게 동호인들을 증가시키고 있다. 기존의 관광지 이미지와 자원에 의존하지 않고 새로이 만들기도 한다. 이처럼 테니스코트 사업은 일반적으로 토지를 활용하는 데 있어 토지의 구입으로부터 시설건설까지 해야하는 실정이기 때문에 채산성이 맞지 않는 사업인 경우라고도 한다. 따라서 관광지에서 스포츠시설로만 활용하는 것이 아니라 지금까지 기존의 테니스 운영과는 다른 합리적인 경영방침과 독자적인 노하우 도입을 통한 테니스장 운영방법을 강구할 필요가 있다. 테니스사업은 서비스산업 중에서도 사람과 사람을 연결하는 소프트적인 환경이 뛰어난 곳으로 피서지의 경우와 자본금이 있다고 하여도 성립되기 어려운 장소인 경우는 독자적인 테니스 관광지 조성 추진도 필요하다.

### 3) 골프장

현재 골프는 국내외 스포츠 관광의 하나로 골프동호인들이 참석하는 경우가 많으며 국내와 비교할 때, 외국의 골프장 이용요금이 저렴하기 때문에 상대적으로 해외여행을 동반한 스포츠의 하나로 자리잡고 있다. 특히 국내의 높은 골프요금은 장기적으로 골프참가 횟수를 감소시키는 요인이 되기도 하며 주5일제 도입과 소득증가와 더불어 사람들의 스포츠 지향성과 골프의 대중화현상은 더욱 가속화될 것으로 예상된다. 하지만 1997년 IMF와 같은 경제위기 때 골프인구 감소를 경험하였으며 이로 인해 신설된 골프장 건설이 부족하였고 경제회복과 더불어 저개발지역의 경제를 발전시키는 수단으로 많은 지역자치단체가 골프장 건설을 추진하고 있다. 특히 여성의 골프애호가가 많이 등장하고 있으며 골프의 대중화 현상이 뚜렷하여 골프장 경영자들은 다른 어떤 사업분야 보다도 고부가가치를 획득할 수 있는 골프장 개발에 관심을 가지고 있다. 골프장에는 시설에 있어 고급화가 뚜렷하며 레스토랑, 연회장, 욕실, 편의실 등의 고급화외에 호화숙박시설, 풀, 트레닝시설을 갖추고 있으며 테니스코트와 옥내스포츠시설 등의 부대시설을 설치하는 곳도 있어 특성화된 골프장을 볼 수 있다.

| Chapter 11 |

# 관광개발의 새로운 물결

## 1. 전통적 대중관광의 문제와 지속가능한 관광개발

### 1) 대중관광의 문제

현대 관광의 특징은 사용가능한 여가시간의 증대, 소득의 증대와 더불어 많은 사람들이 관광을 하는 대중관광의 시대를 맞이한 것으로 이를 주류관광(Main stream tourism)이라고 한다. 한편으로는 관광객에게 제공하는 관광공급을 위한 상업적 시설이 많이 있기도 하여 상업관광(Commercial and conventional)이라고도 한다. 또한 관광시설은 규모나 자본, 소유에 중점을 둔 대규모 관광, 자본관광, 외지인관광 등과 같이 관광시설을 집중적으로 개발하여 제공하기도 하는데 이를 경성관광(hard tourism)이라고도 한다. 특히 대중관광은 20세기 선진국사회에서의 일반적인 특징으로 다수의 사람이 관광에 참여하는 것을 의미하며 대중관광은 질적 관광보다는 양적관광이라고 지칭한다.

〈표 11-1〉 지속 가능한 관광과 대중관광의 특징비교

| 구분 | 지속가능한 관광 | 대중관광 |
|---|---|---|
| 일반적 특징 | · 개발속도가 느림<br>· 소규모적 단계로 진행<br>· 적정화가 목표<br>· 사회적, 환경적 수용력 제고<br>· 통제되고 계획된 관광<br>· 장기적 여행기간<br>· 가치지향적 인식<br>· 질적 관광 | · 개발속도가 빠름<br>· 대규모적 단계로 진행<br>· 최대화가 목표<br>· 사회적 수용력 제고<br>· 통제되지 않고 비계획적 관광<br>· 단기적 여행기간<br>· 가격지향적 인식<br>· 양적 관광 |
| 관광객 행동 | · 혼자, 가족, 그리고 친구와 여행<br>· 시간적 여유가 있음<br>· 적당한 교통수단<br>· 관광객 결정<br>· 능동적 행동<br>· 개방적 접근 | · 대규모 단체관광<br>· 시간적 여유가 없음<br>· 빠른 교통수단<br>· 관광객이 인솔자에게 지시받음<br>· 수동적 행동<br>· 수동적 접근 |
| 관광개발전략 | · 선계획, 후개발<br>· 지역간 협력<br>· 집중개발전략<br>· 기존정주권 내에서의 개발<br>· 훌륭한 경관의 보전<br>· 확고하고 제한된 개발<br>· 지역개발업자에 의한 개발 | · 기획성없는 개발<br>· 단지 지역수준의 기획<br>· 분산개발전략<br>· 기존 정주권 밖에서의 집약적 개발<br>· 가장 훌륭한 경관지역의 집약적 개발<br>· 정확히 알 수 없는 미래수요를 위한 개발<br>· 외부개발업자에 의해 개발 |
| 관광개발전략 | · 개발업자가 사회적 비용부담<br>· 교통계획은 대중교통 수단에 의존<br>· 평균수요에 적합한 수용력<br>· 자연적, 역사적 대상물을 유지<br>· 고유시설<br>· 낮은 기술수준과 선택적으로 상업화된 시설 | · 지역사회가 사회적 비용부담<br>· 교통계획은 자동차에 의존<br>· 높은 계절적 수용에 적합한 수용력<br>· 자연적, 역사적 대상물을 제거<br>· 도시적 시설<br>· 높은 기술수준과 상업화된 관광시설 |

하지만 대중관광은 대량소비를 원칙으로 하는 관광을 추구하고 있기 때문에 대량공급이 가능한 대단위 관광지 개발을 주로 하고 있으며 대중적 사람들의 소비패턴을 동질적으로 만들어 제공하는 데는

성공하였으나 일반대중의 다양한 관광욕구를 충족시키기에는 어려움이 많다. 특히 지역적으로 저개발된 곳이 관광지화되는 과정에서 대량의 관광공급이 필요하게 되어 이를 위한 인공적 관광시설을 설치하게 되었는데 특정지역의 관광지는 그곳의 물리적, 사회적, 문화적 환경을 파괴시키게 되어 대중관광의 방향성을 새로이 검토해야 하는 시점이 되었다.

이처럼 관광개발계획은 정부의 정책적 지원을 통해 외부자본을 도입하고 대량의 관광객 유치를 위해 대규모 관광개발을 추진한 결과, 관광지에 여러 가지 악영향을 일으키고 있다. 이를 간단히 정리하면 다음과 같다.

· 대규모 인공적 관광시설의 건설·개발행위로 인한 악영향: 대규모 위락시설 정비, 골프장과 스키장 등의 스포츠시설, 관광도로 등의 인프라 정비에 의한 자연경관 및 생태계의 파괴, 관광지화에 따른 토지가격의 상승과 일조권문제, 무질서하고 무계획적인 개발에 따른 역사문화유적지 등의 파괴 등

· 관광사업활동에 의한 악영향: 숙박시설·음식시설 등에서 물과 에너지 과잉 소비, 음식재료의 낭비와 일회용 용기 및 식기의 사용 등에 의한 자원낭비와 폐기물 증대, 배수에 의한 수질오염 등

· 관광객 집중현상에 의한 악영향: 과잉 욕구 충족으로 인한 자연생태계에의 영향과 유적지·역사적 건축물 등 문화유산 파괴, 전통지역 문화의 변용, 지역에 존재하는 문화적 규범을 무시한 무례한 행동에 의한 문화마찰, 물가상승, 교통체증 및 사고의 발생, 차량 증가와 배기가스로 말미암은 환경오염, 치안악화, 공중위생상의 문제 등

· 기타: 수질자원의 유지, 폐기물처리, 도로와 같은 기반시설정비 등에 필요한 재정부담, 개발 과정에서 발생하는 주민간 대립, 주민과 기업·행정의 대립, 자연보호단체와 기업·행정·주민간의 대립 격

화에 의한 지역공동체 파괴 등

이러한 영향들은 경제효과에만 치중한 나머지 사회와 문화, 자연과 같은 경제 외적인 영향을 고려하지 않는 개발지상주의적 발상에서 비롯된 문제라고 할 수 있다. 특히 이러한 관광개발은 그것이 제공하는 서비스의 문제라기보다 설치시설이 기업에게 어떠한 이익을 줄 것인지에 달려 있다. 그 지역만의 자연과 문화적인 환경을 활용하여 관광개발이 진행되고 있으나 지역주민의 생활공간이 개발대상이 되기 때문에 문제가 발생한다. 그리고 경제적으로 낙후된 곳을 관광개발하는 경우가 많은데, 이는 외부자본의 이용으로 인한 문제가 발생할 수 있다. 외부유치기업은 자본, 기술, 경영노하우를 가지고 있어 거액의 투자를 필요로 하는 대규모 관광개발과 대량의 손님유치를 위한 시설개발로 기업중심의 경제적 효과는 있으나 지역주체의 경제발전을 저해하는 경우가 많다.

무엇보다 대중관광이 미치는 악영향은 다양한 분야에서 노출되고 있으나 관광자원이용의 관점에서 중대한 과제를 발생시키고 있는데 이를 정리하면 다음과 같다. 첫째, 관광자원자체의 이용에 관한 과제이다. 대중관광을 창출하기 위하여 잠재적인 고객창출 및 그 증대를 위한 여러 가지 수단, 말하자면 관광자원 이용 및 개발에 따른 직접적인 문제를 만들고 있다. 둘째, 관광경영을 하는데 있어 관광개발에 고려되어야 할 과제이다. 관광개발은 자연적 자원, 문화적 자원, 사회적 자원, 산업적 자원을 가지고 관광매력을 창출하기 위한 활동으로 해당 자원이 질과 양에서 우수할 경우에 현저하게 도움이 되는데 이에는 사업채산성이 있는지가 고려되기 때문에 환경 등의 문제를 고려하지 않는 경우에 심각한 문제를 발생시킨다. 셋째, 대량의 관광객에게 제공되는 편리성의 과제이다. 일반적으로 사회간접자본이라고 하는 전기, 통신, 상하수도 등의 기반시설을 정비하는 과제이다.

아울러 교통시설이라고 할 수 있는 공항, 철도, 도로, 주차장 등의 시설 외에 관광객의 이용을 편리하게 하기 위한 숙박, 음식시설 등의 정비과제도 발생한다. 넷째, 대규모 관광개발에 따른 환경파괴의 과제이다. 관광개발은 과거의 유산이라 할 수 있는 개개의 자연경관과 문화재 등의 소모 및 소멸로 이어질 위험성이 존재하며 적정규모 이상의 관광객이 유입되는 경우에는 더욱 그러한 현상이 있다.

### 2) 관광과 환경의 관계

관광은 환경과 밀접하게 발전하고 변화되고 있는데 이는 어떠한 변천과정을 거치고 있는가에 대하여 검토해 본다. 관광의 발전과정에서 볼 때, 20세기 이전에는 관광활동을 즐기는 관광객 수가 한정되어 있었고 관광이 환경에 미치는 영향은 미약하였으며 그에 대한 특별한 정책도 없었다. 정책적으로 관광활동이 관심을 가지게 된 것은 1940년대에 들어서면서 양대 세계대전 사이에 관광객 수의 증가와 더불어 관광산업이 발전하게 되었으나 정부의 정책개입은 발전되지 않았다. 특히 1950년대에서 1970년대는 관광의 대중화(mass tourism) 현상이 더욱 발전하게 되어 기업은 지역사회로부터 고립되고, 환경에 악영향을 미치는 계획이 증가함에 따라 억제 또는 고립정책이 일반적이었다. 한정적으로 촉진정책도 등장하였고 환경에 대한 태도 및 환경에의 효과는 적극적인 부문과 소극적인 부문이 교차하는 시기였다. 1980년대에는 관광대중화 현상이 지속적으로 발전되고 1992년 브라질의 리우에서 '유엔환경개발회의'가 개최되었는데 인류의 장래생활 환경에도 영향을 미칠 수 있는 전세계 환경문제의 심각성을 인식하고 지속 가능한 개발을 중심과제로 한 회의가 개최되었다. 그 성과로서 '환경과 개발에 관한 리우선언'과 지속 가능한 개발을 위한 인류의 행동계획이라 할 수 있는 '92 지구지도자회의채택문서'

(의제 21)가 채택되었는데 관광산업은 자연환경과 문화유산을 활용하는 산업이기 때문에 지구환경문제와도 깊은 관계가 있다. 이는 대중관광의 성장과 더불어 관광산업이 자연과 문화의 '상품화'를 유도하고, 대규모 관광개발의 추진, 관광객의 대량이용, 그리고 그들의 세계적 확산으로 인해 대부분 관광지역의 환경에도 큰 영향을 미치고 있다는 데 기인한다. 1970년대부터 대중관광을 통해 유발되는 자연환경 및 지역문화 유산의 파괴 등과 같은 관광의 '부'의 효과가 현저하게 발생하여 이에 대한 비판과 경고가 상당히 많이 보인다. 1980년대 이후는 대중관광의 악영향을 비판하고 적정한 관광을 요구하는 주장이 대중관광의 새로운 관광 방향으로 제시되었다. 이는 지구환경문제 개선에 공헌할 수 있는 산업으로서 관광산업이 중시되고 있으나 관광산업의 내실화와 경영효율 측면에서 결코 낙관할 수 없다.

대중관광의 발달은 관광을 널리 대중들이 즐길 수 있도록 하였고 사람들에게 여행의 즐거움을 만끽할 수 있도록 하였으며 경제적으로 풍요로움을 조성하는 데 공헌하였다. 특히 공업화에 의한 경제발전이 낙후된 지역이 간직하고 있는 자연환경과 문화유산을 관광자원으로 활용하는 관광개발을 통해 경제적 부를 산출하고 지역경제 발전으로 유도할 수 있는 방안이 강구되고 있다.

그러나 단시간에 경제발전을 추구하는 지역에서는 대량의 관광객이 유입되어 결국 자연환경 파괴를 비롯한 경관과 도시환경, 문화재 등의 역사적·문화적 자본의 파괴와 변용, 지역주민의 생활공간 악화 등 다양한 악영향을 초래한다. 경제적 이익과는 달리 환경을 희생시키는 환경파괴 메커니즘이라 할 수 있다. 게다가 외부의존형 관광개발은 경제이익의 대부분이 외부에서 유치된 기업에 의해 지역내 수익이 외부로 유출되고, 지역 내부의 경제적 확대생산을 어렵게 하고 있다. 말하자면 이중적으로 지역발전을 저해하는 결과를 만들고 있다. 관광의 관점에서 볼 때, 환경파괴와 지역발전의 저해는 궁극적으로 지속 가능한 관광개발을 막는 요인이 되고 있다.

대중관광 현상은 현대관광의 중요한 현상이라 할 수 있으나 그로 인한 다양한 문제점은 관광의 목적에서 발생하며 지역적인 문제를 노출하고 있다. 따라서 대중관광의 문제점을 축소하는 새로운 관광의 방향으로 특히 관광지가 관광객 유입이 주는 다양한 영향을 중시하고, 적어도 과거의 현상이라 할 수 있는 '환경파괴형' '지역이익의 외부유출형'이 아니라 지역의 내부발전을 유도할 수 있는 방안이 강구되어야 한다. 그것은 경제효과에만 급급하여 급격한 변화를 추구하는 외부의존형 개발을 실시한 결과, 지역사회에 대한 책임이 외부자본으로부터 유입된 '외부형' 개발을 추진하는 '하드부문' 중심의 관광을 반성하게 되었다. 이는 지역의 자연환경과 문화, 지역주민에 대한 악영향을 감소시키고, 지역사회의 점진적인 변화를 의미하는 '소량의 영향기'로 지역의 자율성과 더불어 내발적인 발전을 추진하는 데 있다.

이처럼 환경과 친화적으로 발전할 수 있는 새로운 관광개발의 방향으로서 '지속 가능한 관광개발'의 개념이 확산되고 대중관광의 문제점에 대한 비판을 고려하는 새로운 관광의 방향으로  현재 환경파괴에 대하여 비판적인 관광객이 증가하여 공공정책을 지지하고 있으며 환경에 양호한 영향을 미치고 있다. 기업은 재차 지역사회에 파고들어 지속가능한 관광과 지역사회 단위의 관광도 실시하고 있는 실정이다. EC의 문화관광헌장의 목표를 참고로 살펴 보면 관광으로부터 단기적 이득을 얻는 과정에서 발생하는 환경파괴를 억제하면서 장기적으로 경제적·문화적·자연환경적 편익을 실현하는 일로 전환한다는 사고에서 지속가능한 관광의 한 가지 프로그램을 제공하고 있다.

관광과 환경에 관한 EC에의 권고(ECTARC 1980)를 살펴 보면 첫째, 관광사업계획을 오염감시방법이 확립된 경우에 추진해야 하며,

둘째, 문화관광개발은 지속가능하고 전통적으로 이용되는 교통, 또는 보행자 전용로 방식을 이용해야 한다는 데 있다. 셋째, 많은 기반시설을 필요로 하지 않는 사업에 우선시하여야 하며, 넷째, 지역·지방당국은 현존하는 건조물의 보존과 더불어 새로운 관광개발인가에도 책임을 요구해야 한다. 다섯째, EC가 식물·동물·화석의 거래제한에 관한 법을 도입해야 한다고 주장하고 있는데 이러한 권고는 한편으로 제한적인 정책이라 할 수 있는데 이는 지역사회도 동참하기 쉽기 때문에 관광의 장려 및 추진을 위한 정책이다. 그래서 지역적·지방적 관광이 육성되어 대다수 장소에서 부정적 및 소극적인 계획을 수립하기보다는 오히려 관광·환경의 두 가지 정책을 조화롭게 발전시켜야 한다는 주장이 일반적이다.

### 3) 관광자원 보호의 노력

관광자원보호를 위한 국제적인 동향을 살펴 보면, 1973년 제1차 석유위기 이후 지구규모의 환경 문제의 심각성으로 인해 인류는 자원의 유한성을 깊이 인식하는 계기가 되었으며 미래의 인류생존기반 확보를 위한 지속가능한 성장을 모색하게 되었다. 1987년 환경과 개발에 관한 세계위원회(WCED)는 보고서에서 '지구의 미래를 수호하기 위해(Our Common Future)'라는 내용을 유엔에 제출하였고, 1992년 브라질 리오에서 개최된 유엔환경개발회의에서 환경과 개발에 관한 리오선언이 채택되었다. 무엇보다 인류는 지속가능한 개발을 중심으로 자연과 조화를 이루고 건강하며 생산적인 생활을 보낼 권리를 가진다는 원칙에 따라 인류와 자연의 공생 및 상호의존의 인식, 국제협조의 중요성 등을 지적하게 된다. 한편으로는 귀중한 문화유산 및 자연유산을 세계인류의 책임아래 보호해야 된다는 인식 아래 1972년 제17회 유네스코총회에서 채택된 세계의 문화유산 및 자연유산 보호에 관한 조약에 따르면 세계유산 리스트 등록제도가 실시되었으며 1997년까지 조약의 체결국은 149개국이며, 등록유산수는 506건(문화유산 380건, 자연유산 107건, 복합유산19건)이다.

이러한 관광자원보호를 위한 노력으로 가장 대표적인 것이 내셔널 트러스트(National Trust)이다. 내셔널 트러스트(National Trust)는 경승지와 역사적 건축물을 국민의 기부금으로 구입하기도 하고, 기증받기도 하여 보전·관리를 위해 영국에서 시작된 자연보호의 민간단체이다. 정식명칭은 역사적 명승 및 자연적 경승지를 위한 내셔널 트러스트(The National Trust for Places of Historic Interest or Natural Beauty)이다. 100여년의 역사를 가진 영국의 민간단체로서 1895년 3명의 영국시민에 의해 설립되어 아름다운 환경을 파괴로부터 지키기 위한 기부금을 국민에게 널리 호소하는 보호운동을 시작하였다. 이 단체는 국가와 행정에 의한 규제가 아니라 민간운동의 중요성을 알려주고 그 후 각국으로 널리 보급되어 현재 90개국의 조직이 있으며 각 단체의 활동과 목적 등은 각국의 사정과 역사에 따라서 다양하다.

## 2. 지속가능한 관광개발과 지역주민 참여

### 1) 관광과 환경의 지속가능성

지속가능성에 관한 논의의 시작은 1960년대부터 학술, 정치, 경제 등 다양한 분야에서 환경의 지속가능성(sustainability), 또는 지속가능한 개발(sustainable development)이라는 표현으로 주로 등장하게 된다. 관광분야의 지속가능성 현실은 환경자체가 관광대상 또는 관광장소가 되는 경우가 많음에도 불구하고 지속가능한 개발 또는 환경에의 배려는 유럽 등과 같은 선진국사회와 비교할 때 아시아는 경제성장을 중심으로 한 정책이 중심이 되어 매우 후진성을 면치 못하고 있다. 게다가 세계적인 관점에서 볼 때 지속가능성의 의미와 실현방법에는 다양한 의견이 있는데 지속가능성의 개념은 환경에 대한 인식변화에 기인하게 된다. 환경보전은 인간활동 중에서 특히 경제성장과는 양립할 수 없으나 초기 자연환경보호주의자들이 주장할 당시는 모든 경제개발에의 절대적 반대자라는 이미지를 일반인들에게 확산시켰다. 하지만 공해문제 등이 심각해지자 환경의 중요성에 대한 인식은 사람들 사이에 급속히 확산되고 선진국은 경제성장 보다도 환경을 중시해야한다는 여론이 확산되면서 지속가능성의 개념이 등장하게 되었다. 이처럼 환경인식 변화는 자연자원보호와 경제개발을 위한 조화 또는 공존을 추구하는 입장에서 지속가능성, 또는 지속가능한 개발, 지속 가능한 환경이라는 개념이 도출되고 이것이 확산되었다.

오늘날 대다수 보호주의자는 자연보호를 충실히 이행하기 위하여 경제성장에 호의적인 집단과의 직접 대결을 회피하고 지속가능한 개발과 생태의 지속가능성을 공존시킬 수 있는 방향이 조성되고 있다. 지속가능한 관광은 환경을 보호 또는 육성하면서 실행하는 관광 또는 관광개발로 이러한 일에 의해 환경이 지속가능하게 된다. 지속가능한 관광개발은 환경과 관광개발이 서로 상반된 것이 아니라 상호의존하는 것으로 간주하여 환경을 보전하면서 장기적인 관광개발을 실현할 수 있는 개념이다. 여기에는 지속적인 관광발전 의미도 내포되어 있다.

지속 가능한 관광의 모색은 새로운 관광개발 유형으로 지속 가능한 발전이 가능한 가치기준을 설정하고, 현대사회가 공통적으로 지향하는 의미의 하나로 인식하고 있다. 그래서 지속 가능한 관광개발은 우리들의 사회가 추구하는 지속 가능한 발전을 관광적인 관점에서 실천하는 데 있으며, 그것은 적어도 환경자원을 적정하게 이용하여 다음 세대에게 전달하려는 형태로 관광의 효용과 이익을 존속시키려는 사고를 내포하고 있다. 이는 관광개발과 환경보전과의 조화를 유지 및 존속시키는 일이라기 보다 환경보전의 골격 내에서 관광개발을 실천하려는 데 있다.

이러한 관광개발은 지속 가능한 발전이라는 가치기준을 관광측면에서 실현하려는 데 의의를 찾을 수 있다. 이는 환경보전과 관광개발, 환경보호와 지역경제발전을 서로 간의 대립관계에서 탈피하여 '관광', '지역발전', '환경'의 세 가지를 상호의존적인 것으로 간주하고, 이들 관계의 균형적 실현을 추구하려는 사고이다. 말하자면 적정한 관광개발이 실시되지 않는 경우, 주로 대중관광의 경험에서 발생된 것이지만 보호지역의 질적인 저하를 가져오며, 경제, 사회, 환경면에서 예기치 못한 영향이 발생할 수 있다. 또한 관광객의 즐거움과 환경보호 사이의 균형이 필요하다고 할 수 있다. 이러한 균형의 추구는 관광의 전체적 개념과 이념이 환경보존지역과 광역적 관광을 연관시킬 수 있다는 데 있다.

첫째, 광역적 '관광'은 지역이 중심이 되어 환경을 자원으로 이용하고, 지역을 활동장소로 이용하여 그 영향 여하를 막론하고 수용지역을 집약적으로 표현하고 있다. 따라서 지속 가능한 관광은 인류의 공통적 이념이라 할 수 있으며 지역의 장소로서의 의의도 크다고 할 수 있다. 둘째, '지역발전'은 지역의 특수한 환경을 자원으로 이용하여 매력있는 관광기회를 창출하고 방문객을 유치함으로써 경제적·사회적 효과를 발생시키는 일이다. 말하자면 '관광에 의한 지역발전'이라는 메커니즘을 구축하고 운영해 나가는 데 있다. 이러한 메커니즘은 장기적으로 그 기능을 지속시키기 위하여 '자원분야' '관광매력창출·고객분야' '효과발생·분배분야'와 같은 전체적 메커니즘을 구성하는 각 분야의 기능이 유지될 필요가 있으며, 이를 위해 적절한 통제시스템이 필요하다. 지역을 장소로 이용하는 지속 가능한 관광은 관광을 통한 지역발전메커니즘과 그 기능이 지역에 있어 다른 산업활동과 주민의 생활공간과 연관된 다양한 기능, 장래의 다양한 가능성을 축소시키지 않으며 장기에 걸쳐 유지되는 데 있다. 말하자면 지역을 장소로 한 지속 가능한 관광은 지속 가능한 지역발전과의 관계를 존속시키면서 이를 유지시키는 형태로 실천하려는 데 있다.

셋째, 관광이 '환경' 자원에 의존하는 개발을 하기 때문에 관광이 지속되기 위해서는 자원의 지속이 필요하며 더욱이 관광개발과 환경보존과는 불가분의 관계에 있다는 점이다. 하지만 환경은 관광에 대하여 자원을 공유함과 동시에 기타 다양한 생산활동의 기반이자 주민생활의 기반이다. 게다가 환경을 지속 가능하도록 보존한다는 것은 관광자원으로서의 기능을 보전하는 것만이 아니라 환경이 가진 다양한 기능을 보존한다는 점이다. 즉 자원분야의 기능을 유지한다는 기본적인 사고가 중시되고 있다.

이처럼 지속 가능한 관광개발은 지속 가능한 발전을 공통적인 이념으로 하면서 상호의존적인 관계에 놓여 있는 관광-지역발전-환경의 균형적인 관계구축을 통해 관광객, 관광산업과 더불어 행정, 주민이 각자의 역할을 명확히 이해하면서 책임을 자각하고 상호협력함으로써 그것의 실현 가능성이 높아진다.

<표 11-2> 지속 가능한 관광기준

| 기 준 | 기준에 대한 설명 |
|---|---|
| 경제적 지속성 | 지속 가능한 관광은 지역경제에 지속적인 편익을 제공해야 한다.<br>사회경제적인 편익이 관광지역사회 전체에 널리 확산되어 관광누수는 작아지고 편익은 극대화되며, 편익을 얻는 지역주민들은 관광을 지지하게 된다. 관광지로서의 매력을 잃지 않고 지역경제에 계속적인 올바른 편익이 제공되는 관광을 경제적으로 지속 가능한 관광이라고 한다. |
| 사회문화적 지속성 | 관광산업은 관광객, 지역사회, 관광자원의 긴장과 갈등을 줄여 생산적이고 조화로운 관계를 구하는 관광이다. |
| 환경적 지속성 | 관광자원에 대한 영향을 최소화하고 문화보존, 생태계과정 유지, 생물다양성, 생명부양체계를 유지하여 미래세대의 자원이용 기회를 보존시키면서 관광객과 지역사회의 현재의 욕구를 충족시켜주는 관광이다. |
| 지속 가능한 관광계획 | 관광산업이 의존하는 자원의 보존과 자원의 올바른 관리를 통한 지역사회로의 편익분배, 관광과 다른 경제부문과의 통합, 개발패턴 조절요소 등은 통합적 관광계획 수립으로 올바르게 추진된다. |
| 관광객과 지역주민을 위한 교육, 공공인식 프로그램 | 관광과 환경과의 관계, 관광의 중요성에 대해 지역주민을 대상으로 교육, 인식프로그램을 수행하여 지역주민의 자발적인 참여를 유도하고 관광환경윤리의식을 고취시켜야 한다. |
| 전문인 양성과 양질의 서비스 제공을 위한 교육 훈련 | 관광산업의 질을 높이기 위해 관광전문가 훈련과 양성교육이 필요하다. |
| 대안상품 개발 | 지속 가능한 개발원칙을 준수하고 다양성을 추구하는 대안관광의 개발로 중장기적으로 안정된 관광을 이룩한다. |
| 모니터링과 연구 | 지속 가능한 관광을 성취하기 위해 계속적인 연구와 관광의 환경, 문화, 경제적 영향과 환경영향평가 모니터링, 지표개발과 수집을 주기적으로 측정하여 결과를 정책에 반영해야 한다. |
| 지역주민의 삶의 질 | 지속 가능한 관광은 자연환경과의 조화 속에서 지역주민의 건강하고 생산적인 삶의 질에 기여하고 관광대상자의 사회문화부흥을 가져와야 한다. |

| | |
|---|---|
| 관광객 안전 | 관광객에게 국가의 지역안전에 대한 문제를 해결해 주어야 지속 가능한 관광이 될 수 있다. |
| 정보교환 | 국가간, 지역간 지속 가능한 관광을 위한 정보, 기능 및 기술의 교류가 이루어져야 한다. |
| 정부정책과 제도 | 지속 가능한 개발의 기본원칙을 고려하여 관광편익과 비용의 효율적인 분배를 위한 수단이 개발되어야 한다. |
| 지역 참여 | 지역주민들은 관광계획과 개발에 최대한 참여하여 지역사회로 돌아가는 편익이 골고루 지역사회에 미칠 수 있도록 한다. |
| 협력 | 정부-지방정부, 공공-민간, 지역정부-관광산업-관광관련기관 간에 지속 가능한 관광을 위한 협력체제가 강화되어야 한다. |

자료: 김성일 외, 지속 가능한 관광, 일신사, 2001, pp. 26-27.

### 2) 관광에 있어 환경의 적정수용력

환경의 적정 수용력이란 사회적·문화적, 자연적 환경에의 부의 영향을 축소시키고 정의 영향을 촉진시킬 수 있는 적정한 규모의 관광형태를 의미하는 것으로 자연환경의 급격한 변화를 초래하는 변경을 동반하지 않으며 방문객이 얻을 수 있는 체험의 질을 납득할 수 없을 정도로 저하시키지 않는다. 한편으로는 관광장소에서 적정하게 관광객을 수용할 수 있는 하나의 장소를 의미하며 적정하게 이용가능한 최대의 인원을 의미한다. 무엇보다 지속가능한 관광을 유지하고 발전시키기 위한 관점에서 관광객과 지역주민의 만남을 중시하여야 하며 지역의 관광결정에 있어 지역주민 참여를 유도할 필요가 있다. 지역의 자연 및 문화체험 등 체험형 관광에 대한 수요가 현대관광의 주요한 흐름의 하나로 대두되고 있는 현실에서 지역주민이 체험활동의 동반자로 중시되고 있으며 지역주민 참여는 불가피하다고 할 수 있다.

과거 관광개발은 지역외부의 대자본이 유입되어 정책결정과 계획 과정에서 지역주민의 폭이 제한적이었으나 지속가능한 관광개발은 지역의 안정적인 경제·사회 발전을 유지시키고 존속시킨다는 의미에서도 지역주민의 참여를 필요로 한다. 특히 관광에 있어 지속가능한 발전은 과소지역에서 그 의의를 찾기 쉬운데 농촌지역에서의 농업부진, 고령화사회가 진척되고 있어 지역경제 활성화 정책의 일환으로 지역이 가진 과제해결을 위해서도 지역주민의 적극적인 참여유도가 필요하다. 지역주민의 참여방법에는 지역주민이 지역사회내에서 정부의 계획, 개발, 집행에 직접 참여하는 방법이 있으며 관광자원의 가치를 지속적으로 창출하기 위해서는 지역주민의 적극적인 참여를 중심으로 국가, 지방정부, 기업 등 관계당사자의 다각적인 협조에 의해서 구체화하는 방법이 있다. 주민참여에는 그 영향력에 따라 조작, 치료, 정보제공, 자문, 회유, 동반자, 권한위임, 주민통제 등을 통해서 실현가능해 진다.

# 참고문헌

[한국문헌]

김성혁역, 일본의 관광산업, 일신사, 1996.

김성혁, 관광마케팅론, 대왕사, 1997.

김정욱, 관광자원관리론, 1997.

김홍운 · 김사영 저, 관광개발론, 형설출판사, 1997.

김홍운, 한국관광지리, 형설출판사, 1997.

문화체육관광부, 관광동향에 관한 연차보고서, 2001-2009.

박재동, "동북아 농촌체험관광 교류에 관한 연구", 『동북아관광연구』, Vol. 3-2, 동북아관광학회, 2007.

석태문, "농촌관광 활성화를 위한 정책방향에 관한 연구", 『동북아관광연구』, Vol. 2-1, 동북아관광학회, 2006.

손대현외, 지방화시대의 관광개발, 일신사.

엄서호, 레저산업론, 학현사, 1998.

오정환, 관광사업개론, 기문사, 1986.

이민정, "그린 투어리즘 활성화를 위한 마케팅 방안에 관한 연구", 대구대학교 석사학위 논문, 2008.

이웅진, 그린 투어리즘의 분석, 집문당, 2004.

이웅진, "동북아시대의 한국관광디자인", 『동북아관광연구』, Vol. 1-1, 동북아관광학회, 2005.

이웅진·최현숙 역, 여행과 관광의 경제학, 일신사, 2005.

이종규, 리조트의 개발과 경영, 부연사, 1998.

이후석 저, 관광개발론, 백산 출판사, 1999.

임주환외, 관광지개발론, 백산출판사, 1998.
임주완외, 환경친화적 관광지개발론, 백산출판사, 1998.
표성수 · 장혜수 공저, 최신관광계획개발론, 형설출판사, 1998.
한국관광협회, 한국관광발전사, 1984.
한국산업연구원, 『한국관광산업의 장기발전전략』, 1997.

[일본문헌]
足羽洋保 他, 『観光学概論』, ミネルヴァ書房, 1988.
小沢健市, 『観光の経済分析』, 文化書房博文社, 1992.
観光まちづくり研究会, 『新たな観光まちづくりの挑戦』, ぎょうせい, 2002.
佐藤豊信, 『地域活性化シリーズ④農村型リゾート』, 明文書房, 1992.
長谷政弘, 『観光学辞典』, 同文館, 1997.
宮崎猛, 『グリーンツーリズムと日本の農村-環境保全による村づくり-』, 農林統計協会, 1997.
持田紀治, 『グリーン・ツーリズムとむらまち交流の新展開』, 家の光協会, 2002.
山村順次, 『観光地域論-地域形成と環境保全』, 古今書院, 1990.
リゾート・環境問題研究会, 『観光立国からの問題提起ーリゾート開発 ・環境保全そして地域再生』, 1993.

[영문문헌]
Bull, A., *The Economics of Travel and Tourism*, 2nd ed., Longman, 1995.
Gratton, C. & Taylor, P., *Economics of Leisure Services Management*, 2nd ed., Longman, 1988.

Harris, R., *Sustainable Tourism*, Butterworth-Heinemann, 1995.

Holloway, J. C., *The Business of Tourism*, 3rd ed., Pitman, 1989.

Johnson, P. & Thomas, B., *Perspectives on Tourism Policy*, Mansell, 1992.

Mill, R. C. & Morrison, A. M., *The Tourism System-An Introductory Text*, 2nd ed., Prentice-Hall, 1992.

Murphy, P. E., *Tourism-A Community Approach*, Routledge, 1991.

Priestley, G. K., *Sustainable Tourism*, CAB International, 1996.